Alaa Salam Jameel
Mahsa Moshfeghyan

Factores que afectam o comércio eletrónico através da aprendizagem eletrónica

Alaa Salam Jameel
Mahsa Moshfeghyan

Factores que afectam o comércio eletrónico através da aprendizagem eletrónica

ScienciaScripts

Imprint
Any brand names and product names mentioned in this book are subject to trademark, brand or patent protection and are trademarks or registered trademarks of their respective holders. The use of brand names, product names, common names, trade names, product descriptions etc. even without a particular marking in this work is in no way to be construed to mean that such names may be regarded as unrestricted in respect of trademark and brand protection legislation and could thus be used by anyone.

Cover image: www.ingimage.com

This book is a translation from the original published under ISBN 978-620-2-05445-4.

Publisher:
Sciencia Scripts
is a trademark of
Dodo Books Indian Ocean Ltd. and OmniScriptum S.R.L publishing group

120 High Road, East Finchley, London, N2 9ED, United Kingdom
Str. Armeneasca 28/1, office 1, Chisinau MD-2012, Republic of Moldova, Europe
Printed at: see last page
ISBN: 978-620-7-68828-9

RESUMO

O comércio eletrónico tornou-se indispensável para as pequenas e médias empresas (PME) em todo o mundo e reveste-se de especial importância no Iraque para desenvolver a capacidade das PME de competirem e sobreviverem neste ambiente tão competitivo. O objetivo do estudo é determinar os factores que afectam a adoção do comércio eletrónico em Al- Anbar, no Iraque. Foi efectuada uma análise intensiva da literatura relacionada para abranger as variáveis do presente estudo. Foram desenvolvidas sete variáveis independentes para serem testadas como factores que afectam a adoção do comércio eletrónico. Estes factores são a vantagem esperada, a facilidade de utilização, a vontade do gestor, a necessidade do cliente, o custo, a segurança e a disponibilidade da empresa. A investigação adoptou uma abordagem quantitativa; foi distribuído um questionário a 143 gestores de PME no Iraque. Os resultados mostram que a expetativa de vantagem, a facilidade de utilização, a vontade do gestor, a necessidade do cliente, a segurança e a disponibilidade da empresa têm uma relação significativa e direta com a adoção do comércio eletrónico em Al-Anbar, no Iraque. Verificou-se que o custo tem uma relação significativa mas negativa com a adoção do comércio eletrónico. Com base nas conclusões do estudo, foram formuladas recomendações e sugestões para os decisores.

ÍNDICE DE CONTEÚDOS:

CAPÍTULO 1

INTRODUÇÃO

1.0 Introdução

Embora a Internet tenha surgido no mundo no início da década de 1990 e a aplicação do comércio eletrónico tenha começado em 1994, a adoção do comércio eletrónico pelas empresas ms no mundo em desenvolvimento foi tardia, a partir de 2005. A maior parte da investigação neste domínio era exclusiva do mundo ocidental (Molla & Licker, 2005). O Iraque, que é um país do Médio Oriente classificado como país em desenvolvimento, tem sofrido muitas guerras (por exemplo, a guerra dos oito anos entre o Irão e o Iraque, a guerra do Golfo Árabe), sanções das Nações Unidas (ONU), cerco político e económico e instabilidade política, económica e social (Sponeck, 2006).

Até à data, a adoção do comércio eletrónico no Iraque é muito limitada devido a muitas razões, como a acessibilidade à Internet, que, de acordo com as estatísticas das Nações Unidas, se estima em 5,6% da população com acesso à Internet no Iraque. Além disso, o corte no fornecimento de energia e a desconfiança em relação às transacções em linha constituíram outros obstáculos à adoção do comércio eletrónico pelas pequenas e médias empresas (PME) no Iraque (Nações Unidas, 2012).

No entanto, recentemente, o país está a fazer alguns progressos em termos de serviços básicos, como água e eletricidade, e em termos de estabilidade e segurança. O país é financeiramente capaz de realizar grandes reformas devido à enorme produção de petróleo, que pode ser estimada em 3,2 milhões de barris em setembro de 2013 (Wall Street Journal (WSJ), 2013).

A adoção do comércio eletrónico no Iraque é ainda incipiente e é necessário envidar mais esforços para incentivar as empresas a adoptarem esta tecnologia, a fim de facilitar as transacções e acelerar o ritmo do crescimento económico.

O objetivo deste estudo consiste em determinar os factores que afectam a adoção do comércio eletrónico pelas PME iraquianas e em determinar os potenciais benefícios e obstáculos à adoção desta tecnologia no contexto iraquiano.

1.1 Antecedentes do estudo

Em meados da última década, os investigadores procuraram cada vez mais examinar o impacto do comércio eletrónico nas organizações, especialmente nas PME. As PME dinâmicas e vibrantes desempenham um papel fundamental no crescimento económico nacional bem sucedido, independentemente de o país em causa ser um país desenvolvido ou em desenvolvimento (Egbtokun & Olamade, 2009). Dada a sua importância em qualquer economia, não é de surpreender que quase todos os países dêem especial ênfase ao apoio e reforço das suas PME através de uma variedade de instituições e programas. A Internet e o comércio eletrónico são vistos pelos governos de todo o mundo como uma tecnologia essencial para apoiar o desenvolvimento dos sectores económicos (Egbtokun & Olamade, 2009).

O aparecimento da Internet nas últimas duas décadas trouxe enormes benefícios para as empresas. O comércio eletrónico teve início em 1994 e é um processo de compra, venda, transferência ou troca de bens, serviços e informações através da Internet. As empresas utilizaram a Internet para gerir a informação e integrar o comércio eletrónico nos seus processos empresariais reformulados. Claramente, o comércio eletrónico criou condições favoráveis para que as economias implementem uma mudança do paradigma da mão de obra intensiva para o paradigma do trabalhador do conhecimento, que se espera que venha a ser dominante no futuro.

O estudo da adoção do comércio eletrónico nos países em desenvolvimento foi limitado até 2005. A maioria dos estudos foi efectuada no mundo ocidental. Um número crescente de estudos nos países em desenvolvimento começou a investigar a adoção do comércio eletrónico e os seus benefícios, obstáculos e aplicações (Molla & Licker, 2005), por exemplo; a maioria dos estudos que investigaram a adoção do comércio eletrónico foi realizada recentemente. Uma vez que os estudos no Iraque são escassos, a revisão da literatura centra-se nos países em desenvolvimento para desenvolver o enquadramento desta investigação. Os estudos nos países em desenvolvimento têm vindo a aumentar nas últimas décadas. Em 2009, Hashim (2009) realizou um estudo na Malásia para descobrir os factores que afectam a adoção do comércio eletrónico. Em 2011, Al-Hudhaif e Alkubeyyer (2011) estudaram os factores de adoção do comércio eletrónico na Arábia Saudita. Analisando a literatura, não existe um único estudo sobre a adoção no Iraque.

As empresas obtiveram muitos benefícios com a adoção do comércio eletrónico nas suas operações. O comércio eletrónico tem contribuído significativamente para a redução dos custos da atividade empresarial, a melhoria da qualidade dos produtos/serviços, a penetração de novos clientes e fornecedores e a criação de novas formas ou canais de distribuição de produtos (Pham, Pham, & Nguyen, 2011). Esses benefícios podem ser realizados não só em grandes empresas, mas também em
PME (Pham et al., 2011).

A adoção da tecnologia e dos seus aspectos foi o foco dos académicos e dos profissionais. No entanto, existem poucos estudos que se centram na adoção e utilização do comércio eletrónico nas PME (Grandon & Pearson, 2004; Mirch&ani & Motwani, 2001). Ninguém pode negar o facto de que as PME desempenham um papel importante tanto nas economias desenvolvidas como nas economias em desenvolvimento. É de notar que podem ser criadas várias vantagens potenciais pelo comércio eletrónico, mas, surpreendentemente, a adoção do comércio eletrónico pelas PME ainda é limitada, talvez devido ao facto de as PME terem características diferentes das grandes empresas, tais como pequenas equipas de gestão, forte influência do proprietário, falta de pessoal em áreas especializadas como as tecnologias da informação, gestão multifuncional, controlo limitado sobre o ambiente empresarial e quota de mercado limitada (Seyal & Rahman, 2003).

As PME são vitais para o crescimento económico no mundo desenvolvido e em desenvolvimento. Estima-se que mais de 80% do crescimento económico global provém das PME (Zhou, Wu & Luo, 2007). De acordo com o relatório do Banco Mundial recentemente publicado sobre a República do Iraque: Financial Sector Review, as PME não estão bem desenvolvidas no Iraque. Este facto pode ser atribuído a um ambiente desfavorável nos últimos anos e a uma falta de apoio institucional que impediu o seu desenvolvimento e sucesso (Relatório do Banco Mundial, 2011). Atualmente, porém, as perspectivas de uma economia estável com perspectivas de crescimento a longo prazo são positivas. A importância das PME na reconstrução da economia iraquiana e o potencial de financiamento das PME são prometedores. A classificação das pequenas e médias empresas baseia-se no número de trabalhadores: pequenas (menos de 59 trabalhadores) e médias (60-99 trabalhadores). A adoção do comércio eletrónico ainda é limitada devido a muitas razões, como a falta de confiança, o desconhecimento dos benefícios, a ausência de infra-estruturas, os custos e as questões de segurança (Iraq Business News, 2011; Iraqi Company for Financing SMEs (ICFSMES), 2012).

O objetivo deste estudo é investigar os factores que influenciam a adoção do comércio eletrónico pelas pequenas e médias empresas no Iraque. Pretende igualmente identificar as vantagens e os obstáculos à adoção do comércio eletrónico pelas PME no Iraque.

1.2 Declaração do problema

Apesar do elevado número de PME no Iraque (92% do total das empresas iraquianas são PME), a contribuição das PME continua a ser inferior ao nível esperado. De acordo com a Câmara de Comércio, em 2012, existiam 855 000 PME no Iraque e a sua contribuição para o emprego foi inferior a 15 %. A maioria dos países do mundo desenvolvido está a utilizar as PME para aumentar o crescimento económico e reduzir o desemprego. Por exemplo, existem quatro milhões de PME no Reino Unido e empregam 45% da força de trabalho (Ganotakis & Love, 2011).

A adoção do comércio eletrónico pelas PME no Iraque tem um grande potencial para aumentar a produtividade das PME e melhorar o seu desempenho organizacional (ICFSME, 2013). Analisando a literatura relacionada, não existe nenhum estudo que tenha investigado a adoção do comércio eletrónico pelas PME no Iraque. O mundo em desenvolvimento carece de tais estudos (Molla & Licker, 2005).

Atualmente, é óbvio que o comércio eletrónico está a criar condições favoráveis para que as economias implementem uma mudança do paradigma da mão de obra intensiva para o paradigma do trabalhador do conhecimento, que se espera que venha a ser dominante no futuro.

Entre uma variedade de benefícios colhidos pelas empresas, afirma-se que o comércio eletrónico tem contribuído significativamente para a redução dos custos de fazer negócios, a melhoria da qualidade dos produtos/serviços, a penetração de novos clientes e fornecedores e a criação de novas formas ou canais de distribuição de produtos (Pham et al. 2011).

A necessidade de adoção do comércio eletrónico pelas PME no Iraque é vital para o crescimento económico e para apoiar os esforços governamentais de reconstrução do país e impulsionar o desenvolvimento. O apoio à adoção do comércio eletrónico pelas PME terá um impacto positivo nos cidadãos e na economia.

1.3 Objectivos da investigação

O principal objetivo deste estudo é encontrar os factores que podem afetar a adoção do comércio eletrónico pelas PME no Iraque. A partir deste objetivo principal, podem ser deduzidos os seguintes sub-objectivos

1- Identificar os factores que podem afetar a adoção do comércio eletrónico pelas PME no Iraque.

2- Identificar os potenciais benefícios da adoção do comércio eletrónico que podem ser obtidos pelas PME no Iraque.

3- Para encontrar os potenciais obstáculos à adoção do comércio eletrónico que podem ser enfrentados pelas PME em

Iraque.

1.4   Questões de investigação

As questões desta investigação são as seguintes:

1- Qual é a associação entre as vantagens esperadas e a adoção do comércio eletrónico pelas PME no Iraque?

2- Qual é a associação entre a facilidade de utilização e a adoção do comércio eletrónico pelas PME no Iraque?

3- Qual é a associação entre a vontade do gestor e a adoção do comércio eletrónico pelas PME no Iraque?

4- Qual é a associação entre as necessidades dos clientes e a adoção do comércio eletrónico pelas PME no Iraque?

5- Qual é a associação entre o custo de adoção e a adoção do comércio eletrónico pelas PME no Iraque?

6- Qual é a associação entre a segurança e a adoção do comércio eletrónico pelas PME no Iraque?

7- Qual é a associação entre o grau de preparação das empresas e a adoção do comércio eletrónico pelas PME no Iraque?

8- Quais são os benefícios potenciais que podem ser obtidos através da adoção do comércio eletrónico pelas PME no Iraque?

9- Quais são os potenciais obstáculos à adoção do comércio eletrónico pelas PME no Iraque?

1.5   Âmbito do estudo

Este estudo é realizado no Iraque. O estudo visa identificar os factores que afectam a adoção do comércio eletrónico pelas PME no Iraque. O estudo limita-se às empresas que trabalham no sector dos serviços em Al-Anbar, no Iraque. Em Al-Anbar, existem 3960 PME (Autoridade de desenvolvimento industrial, 2012). No entanto, as PME que trabalham em serviços como o turismo, a educação, o sector financeiro, o sector têxtil e a construção são 791 PME (Husien, 2012). Por conseguinte, a população deste estudo é constituída por 791 PME no estado de Al-Anbar, no Iraque. De acordo com Sekaran (2003), a amostra do estudo é constituída por 260 inquiridos. Foi distribuído um questionário adotado para a amostra deste estudo. O questionário foi distribuído por correio eletrónico aos gestores das PME (a fonte de medida é apresentada no capítulo 3; quadro 1).

1.6   Importância do estudo

Não há dúvidas de que o papel das PME é fundamental para o crescimento económico de qualquer país. As PME têm potencial para impulsionar o crescimento económico e reduzir a taxa de desemprego. A adoção do comércio eletrónico permite às PME funcionar de forma mais eficaz, aumentar os lucros e reduzir os custos. Encontrar os factores que afectam a adoção é vital para garantir o sucesso da adoção e para permitir que os decisores e os proprietários de empresas se concentrem mais nestes factores. Isto permite-lhes adotar o comércio eletrónico, usufruir dos benefícios e ultrapassar os desafios.

1.7   Organização do estudo

Este estudo está dividido em cinco capítulos. Estes capítulos são apresentados da seguinte forma:

Chapter 1:   Introdução

Este capítulo apresentou os antecedentes do estudo e formulou a declaração do problema. Também são indicados o objetivo e as questões de investigação deste estudo. Além disso, o capítulo apresenta a importância, o âmbito e as limitações do estudo.

Chapter 2:   Revisão da literatura

Este capítulo analisa a literatura relacionada com os objectivos do presente estudo. Neste capítulo, é apresentada uma revisão do comércio eletrónico, das PME e das teorias relacionadas. Além disso, o desenvolvimento do quadro teórico e das hipóteses é efectuado neste capítulo.

Chapter 3:   Metodologia de investigação

Este capítulo apresenta a metodologia desta investigação, desenha o método através do qual os dados serão recolhidos e analisados. Além disso, este capítulo especifica a população e a técnica de amostragem, o método e a dimensão deste estudo.

Chapter 4:   Resultados da investigação

Este capítulo apresenta os resultados desta investigação. O capítulo responde às questões de investigação e aos objectivos. Além disso, testa as hipóteses deste estudo.

Chapter 5:   Recomendações e conclusões

Este capítulo apresenta as recomendações deste estudo e conclui as conclusões.

1.8 Resumo

Este capítulo apresentou os antecedentes deste estudo. A formulação da declaração do problema deste estudo foi apresentada neste capítulo. Há falta de adoção e utilização do comércio eletrónico pelas PME no Iraque. Além disso, o capítulo apresenta os objectivos e as questões da investigação. Também destacou a importância, o âmbito e a organização deste estudo.

CAPÍTULO 2

REVISÃO DA LITERATURA

2.1 Introdução

Este capítulo é dedicado à análise da literatura relativa à adoção do comércio eletrónico e aos factores que podem afetar essa adoção. O capítulo analisa, nomeadamente, as PME, a adoção do comércio eletrónico e os factores que afectam essa adoção, os benefícios da adoção do comércio eletrónico, os obstáculos ao comércio eletrónico e as teorias relacionadas com a adoção do comércio eletrónico.

2.2 Panorama das PME

Não existe uma definição universal de PME. No entanto, geralmente, as PME são definidas como empresas não subsidiárias e soberanas em que o número de trabalhadores é inferior a um determinado número. Por exemplo, nos Estados Unidos (EUA), as PME são definidas como empresas com menos de 500 trabalhadores; na União Europeia (UE), o limite das PME é fixado em 250 trabalhadores; enquanto noutras nações, o limite das PME é fixado em 200 trabalhadores. As pequenas empresas devem ter menos de 50 trabalhadores, enquanto as microempresas têm, no máximo, dez trabalhadores (Carter & Jones-Evans, 2006). As PME também podem ser definidas pelos seus activos financeiros. Além disso, as PME podem ser descritas de acordo com o facto de serem detidas e geridas de forma independente, como nos Estados Unidos. A definição americana pressupõe que as PME são detidas e geridas de forma independente e que não dominam o seu sector no mercado global (Bose & Sugumaran, 2006). Neste estudo, PME refere-se a empresas que têm menos de 50 trabalhadores. A maioria das PME no Iraque são consideradas PME e caracterizam-se pela sua pequena dimensão e número reduzido de trabalhadores.

Vários estudos concentraram-se nas características únicas das PME que as tornam diferentes das grandes empresas. A maioria destes estudos centrou-se nos procedimentos e sistemas que foram adoptados com êxito nas grandes empresas e no facto de poderem não produzir resultados semelhantes quando adoptados pelas PME (Bose & Sugumaran, 2006). De acordo com Seyal, Rahman e Mohammad, (2007) as características das PME incluem pequenas equipas de gestão, forte influência do proprietário, falta de pessoal em áreas especializadas como as tecnologias da informação (TI), gestão multifuncional, controlo limitado sobre o seu ambiente empresarial, quota de mercado limitada, baixa rotatividade dos empregados, relutância em assumir riscos e evitar software ou aplicações sofisticadas. Devido a estas diferenças, as PME têm uma taxa de adoção de tecnologia mais lenta e mais dificuldades em concretizar os benefícios da tecnologia do que as grandes empresas (Poon & Swatman, 1999).

Entre os estudos que se debruçaram sobre a adoção de tecnologia, apenas alguns foram dedicados à adoção e utilização do comércio eletrónico nas PME (Grandon & Pearson, 2004; Mirchandani & Motwani, 2001). É geralmente aceite que as PME desempenham um papel importante nas economias dos seus países. Por exemplo, de acordo com a Reuters (2011), as PME representam cerca de 90% de todos os estabelecimentos iraquianos nos sectores da indústria transformadora, dos serviços e da agricultura, mas contribuem muito pouco para a produção interna bruta do país, estimada em 1%.

Embora existam muitas vantagens potenciais, a adoção do comércio eletrónico pelas PME continua a ser limitada. De acordo com um inquérito da Gallup Organization (www.gallup.com), as pequenas empresas estão a criar sítios Web principalmente para publicitar e promover os seus negócios, e não para realizar comércio eletrónico. Este inquérito revelou que o número de pequenas empresas que criaram um sítio Web para publicitar e promover a sua atividade aumentou 123% entre 1999 e 2003, enquanto as pequenas empresas que criaram sítios Web principalmente para vender produtos diminuíram 48% durante o mesmo período (Sutanonpaiboon & Pearson, 2006).

Muitos factores podem afetar a adoção do comércio eletrónico pelas PME. Mirchandani e Motwani, (2001) sugeriram que os seguintes factores contribuem para aumentar a utilização do comércio eletrónico pelas PME. Estes factores são: a consciência do diretor executivo dos benefícios relativos esperados do comércio eletrónico; a compatibilidade das aplicações de comércio eletrónico com o plano da empresa; o tempo administrativo necessário para planear e implementar a decisão da empresa; o nível de necessidade da empresa relativamente à utilização de aplicações de comércio eletrónico; o ambiente concorrencial da empresa; o custo de instalação; o entusiasmo do diretor executivo relativamente à adoção do comércio eletrónico.

2.3 Comércio eletrónico

Embora a Internet exista há várias décadas, o comércio eletrónico só se tornou uma realidade com o desenvolvimento da World Wide Web (WWW) e das tecnologias que lhe estão associadas (Napier, Judd, Rivers, & Wagner, 2001). A literatura sobre o comércio eletrónico e as PME sugere que existem, pelo menos, três formas de entender o comércio eletrónico. Alguns investigadores consideram o comércio eletrónico em termos de aplicações da Internet, como o correio eletrónico, o sítio Web e a intranet (Drew, 2003). Alguns investigam a utilização do comércio eletrónico em termos de actividades comerciais; por exemplo, a comunicação com clientes e fornecedores (Daniel & Wilson, 2002). Outros consideram o comércio eletrónico como uma mistura de aplicações da Internet e actividades comerciais (Kendall, Tung, Chua, Ng & Tan, 2001). Este estudo adopta as componentes do comércio eletrónico como: correio eletrónico, sítios Web para venda em linha e compra em linha. Estas três componentes serão as medidas utilizadas no presente estudo.

1.1.1 Definição de comércio eletrónico

Os primeiros trabalhos sobre o comércio eletrónico, como os de Daniel, Wilson e Myers (2002), definiram-no simplesmente como "a compra e venda de informações, produtos e serviços através de redes informáticas", sendo as redes informáticas essencialmente a Internet. Chaffey (2007) utilizou o termo de forma mais ampla para abranger não só a compra e venda acima descrita, mas também a utilização de tecnologias da Internet, como o correio eletrónico e as intranets, para trocar ou partilhar informações, quer no interior da própria empresa, quer com intervenientes externos. Esta interpretação lata do termo comércio eletrónico continuou com Ching e Ellis (2004), que descrevem o comércio eletrónico como "trocas mediadas tecnologicamente Para este estudo, o comércio eletrónico foi definido como o processo de compra, venda, transferência ou troca de produtos, serviços e/ou informações através de redes informáticas, incluindo a Internet. Esta definição foi adoptada de Turban, Leidner, McLean e Weatherbe, (2008).

1.1.2 Comércio eletrónico das PME

Existe um interesse substancial na adoção do comércio eletrónico pelas PME. Em parte, isso deve-se ao facto de muitos investigadores acreditarem que as PME podem beneficiar consideravelmente com a utilização da Internet (Daniel & Wilson, 2002). Há também sugestões de que as PME podem competir com as grandes organizações através da adoção do comércio eletrónico, uma vez que a Internet pode proporcionar igual acesso a ambas (Riquelme, 2002). Muitos estudos sugerem uma série de actividades comerciais para as quais as PME utilizam o comércio eletrónico. Daniel et al. (2002), por exemplo, afirmam que as PME do Reino Unido estão a adotar o comércio eletrónico em quatro fases: (1) desenvolvedores; (2) comunicadores; (3) aqueles com presença na Web; e (4) transactores. Os criadores estão a desenvolver o seu primeiro correio eletrónico e sítio Web; os comunicadores estão a utilizar o correio eletrónico e a trocar documentos e desenhos eletronicamente com clientes e fornecedores; a presença na Web significa sítios Web com possibilidades de encomenda em linha; e os transactores são os que utilizam capacidades de encomenda e pagamento em linha (Bell, 1995). Outros estudos também utilizam uma série de actividades comerciais para investigar a adoção do comércio eletrónico entre as PME. Drew (2003) conclui que as PME que dispõem de sítios Web há vários anos utilizam o correio eletrónico para comunicar e os seus sítios Web para publicidade e promoção. Muito menos utilizam os sítios Web para vendas, recrutamento e aquisições. Brown e Lockett (2004) constatam que as PME, de um modo geral, estão envolvidas apenas em actividades simples de comércio eletrónico, como o correio eletrónico, o acesso à Web e os sítios Web. Poucas PME estão a comprar e a vender em linha. Pool, Parnell, Spillan e Carraher (2006) afirmam que a utilização do comércio eletrónico nas PME não é tão generalizada como nas grandes empresas. Muitas PME utilizam o correio eletrónico e têm sítios Web, mas muito poucas se dedicam a uma integração mais complexa, como as vendas em linha e a gestão da cadeia de abastecimento (Pool et al. 2006). Em conclusões semelhantes às de outros investigadores, Hashim (2009) conclui que a utilização do comércio eletrónico entre as PME na Malásia ainda se limita ao correio eletrónico. Os sítios Web são utilizados principalmente para fornecer informações sobre os bens e serviços de *uma* empresa. O estudo também revela que os gestores não têm uma boa compreensão do comércio eletrónico. Muitos gestores acreditam que um sítio Web é simplesmente uma coisa agradável de se ter e que é a moda do momento.

1.1.3 Benefícios da adoção do comércio eletrónico

Apesar da importância do comércio eletrónico para o crescimento económico, nos países em desenvolvimento, a adoção do comércio eletrónico e a investigação académica ainda são limitadas (Molla & Licker, 2005). Atualmente, é óbvio que o comércio eletrónico está a criar condições favoráveis para que as economias implementem uma mudança do paradigma da mão de obra intensiva para o paradigma do trabalhador do conhecimento, que se espera que venha a ser dominante no futuro. Entre uma variedade de benefícios obtidos pelas empresas, afirma-se que o comércio eletrónico tem contribuído de forma significativa para a redução dos custos da atividade empresarial, a melhoria da qualidade dos produtos/serviços, a penetração de novos clientes e fornecedores e a criação de novas formas ou canais de distribuição de produtos (Chaudhury & Kuiboer, 2002).

Num estudo realizado na Turquia por Aydemir (2013) para encontrar os benefícios e as barreiras da adoção do comércio eletrónico. O estudo revela que os benefícios que podem ser obtidos através da adoção da tecnologia são: acesso a novos mercados, aumento da competitividade e vantagem em termos de custos. Do mesmo modo, Stockdale e Standing (2004) consideram que os benefícios são o acesso a uma gama mais vasta de mercados, um maior potencial para parcerias, flexibilidade na administração e comunicação, acessibilidade, informação, melhores serviços aos clientes, atualização da informação, custos de transação mais baixos, diferenciação de produtos e serviços e capacidade de entrar na cadeia de abastecimento para empresas maiores. Wanyoike, Mukulu e Waititu, (2012) consideram que as vantagens da utilização do comércio eletrónico são a simplificação do trabalho, a comunicação fiável, a melhoria da satisfação do cliente, novos produtos e serviços, a redução dos custos e o aumento da produtividade. Olatokun e Kebonye (2010) consideram que as principais razões para a adoção da tecnologia de comércio eletrónico são a vantagem competitiva, os clientes e as pressões dos fornecedores.

Al-Abdallah (2013) testou um quadro composto por três variáveis independentes (fidelidade do cliente, retenção do cliente e atração de novos clientes) que representam a relação cliente-empresa e uma variável dependente que representa a adoção do comércio eletrónico. A retenção de clientes e a angariação de novos clientes têm uma fraca contribuição para a adoção do comércio eletrónico. April e Pather (2008) concluíram que uma das vantagens da adoção do comércio eletrónico é o aumento da qualidade do serviço.

As tecnologias da Internet ajudam as empresas a estabelecer posições estratégicas distintas muito mais do que o permitido pelas tecnologias anteriores. Drew (2003) indicou que a utilização inicial do comércio eletrónico foi impulsionada principalmente por uma combinação de entusiasmo da gestão e pela necessidade de melhorar a comunicação. O comércio eletrónico nas PME é atualmente uma área de crescimento real, razão pela qual dá um contributo real para a economia (Lee & Cheung, 2004). Além disso, MacGregor e Vrazalic, (2006) mostraram que a tecnologia do comércio eletrónico tem potencial para se tornar uma importante fonte de vantagem competitiva para as pequenas empresas, porque é uma forma rentável de chegar aos clientes em todo o mundo, bem como um meio de competir em igualdade de condições com as suas congéneres de maior dimensão.

Sanchez, Perez, de Luis Carnicer e Jimenez, (2007) afirmaram que o comércio eletrónico tem um grande potencial para o desenvolvimento das PME através de uma utilização mais eficaz e de uma melhor integração dos processos de comércio eletrónico. Al-Weshah, Al-Hyari, Abu-Elsamen e Al-Nsour, (2012) também investigaram a utilização do ambiente eletrónico para ganhar quota de mercado nos mercados local, regional e internacional no sector do artesanato jordano. Verificaram que as PME do sector do artesanato fizeram tentativas iniciais de utilizar o comércio eletrónico nas suas actividades, mas que essas tentativas ainda se encontram numa fase embrionária e que não utilizam as redes electrónicas de forma eficaz para ganhar quota de mercado.

1.1.4 Barreiras à adoção do comércio eletrónico

Ao analisar a literatura sobre os obstáculos ao comércio eletrónico, os investigadores encontraram provas de que existe uma relação entre esses obstáculos e a adoção do comércio eletrónico. Por exemplo, Al-Weshah, Deacon e Thomas (2009) concluíram que a falta de apoio da gestão de topo e a falta de competências do pessoal eram os principais obstáculos à adoção das tecnologias da informação nos bancos jordanos. As PME referem uma série de barreiras que consideram ser obstáculos às suas tentativas de aceder aos mercados de comércio eletrónico (Al-Weshah et al. 2012; Chen, 2004). Vários investigadores também concluíram que a adoção do comércio eletrónico pelas PME ainda se encontra a um nível baixo (Kapurubandara & Lawson, 2007; Scupola, 2009). Cloete, Courtney e Fintz, (2002) também revelaram uma série de barreiras percebidas ao comércio eletrónico nas PME africanas, incluindo questões legais e de segurança e a falta de competências em TI, que são os principais factores que inibem a adoção. Outra conclusão do estudo quantitativo de Lawson, Alcock, Cooper e Burgess (2003) para determinar os principais factores que afectam a adoção do comércio eletrónico pelas PME australianas revelou que a questão da segurança é o maior obstáculo, seguido do custo e da falta de iniciativas governamentais. Esta evidência é apoiada por um estudo de Asing-Cashman, Obit, Bolongkikit e Tanakinjal (2004) que investigou os níveis de adoção do cibercomércio nas PME da Malásia. Estes autores mostraram que a falta de segurança, os elevados custos de implementação e a falta de pessoal especializado, por esta ordem, são os principais factores inibidores.

O inquérito de Chen (2004) sobre a adoção do cibercomércio pelas PME com menos de 250 trabalhadores em Taiwan encontrou uma série de obstáculos, sendo o custo e a falta de competências em TI os dois mais importantes. Wymer e Regan (2005) concluíram que as PME americanas consideravam que os custos de implementação, a segurança e as regras e regulamentos governamentais eram, respetivamente, os três obstáculos mais importantes. De acordo com Levy, Powell e Worrall (2005), as PME do Reino Unido estão preocupadas com o risco de fraude (ou seja, a segurança) e os custos da tecnologia são os obstáculos mais significativos, enquanto a falta de apoio da gestão e de conhecimentos especializados dos empregados não é significativa. MacGregor e Vrazalic (2005) concluíram que os maiores obstáculos entre as PME suecas são a inadequação do cibercomércio aos produtos e serviços da empresa, mas outros factores, como as questões de segurança, os elevados custos de investimento e a falta de conhecimentos, não são significativos. Kartiwi e MacGregor (2007) constataram igualmente que as PME suecas e indonésias consideram a inadequação como um obstáculo, bem como a falta de conhecimentos técnicos, de segurança e de tempo para implementar essas soluções.

O estudo de Kapurubandara e Lawson (2007) sobre as PME do Sri Lanka classificou as barreiras políticas e a falta de competências no topo da lista, enquanto o estudo qualitativo de Chen e McQueen (2008) sobre as PME da Nova Zelândia destacou os aspectos inibitórios das questões de segurança, os custos de implementação e a insuficiência do acesso dos clientes à Internet como factores que travam o crescimento da adoção do cibercomércio, mais do que outros factores como a falta de competências e a compatibilidade.

Alguns autores agruparam os factores em três categorias principais: características do proprietário-gestor, características da empresa ou organização, e custo e retorno do investimento (Chen, 2003; Mehrtens, Cragg & Mills, 2001). Outros factores, como o nível atual de utilização da tecnologia na organização, que também está relacionado com as características da organização, também afectam a adoção do comércio eletrónico (Iacovou, Benbasat & Dexter, 1995).

Aydemir (2013), no seu estudo, concluiu que os obstáculos à adoção do comércio eletrónico na Turquia estavam relacionados com a aceitabilidade no sector, as preferências dos clientes, a questão da segurança, a infraestrutura técnica inadequada, o custo e a falta de competências em matéria de comércio eletrónico. Os obstáculos ao comércio eletrónico são infra-estruturas inadequadas, capital limitado, problemas de fiabilidade dos clientes e problemas de formação.

Para Stockdale e Standing (2004), as barreiras à adoção do comércio eletrónico são internas e externas. As barreiras internas são a identificação dos benefícios, o comércio global, as restrições financeiras, a integração da cadeia de abastecimento e a compreensão do ambiente eletrónico. Os obstáculos externos são a falta de compreensão das necessidades das PME, a inexistência de uma norma tecnológica comum e as competências electrónicas do sector industrial.

Medjedel (2013) constatou que a maioria dos gestores não estava satisfeita com a aplicação do comércio eletrónico nas suas empresas. As empresas utilizam o comércio eletrónico apenas através de correio eletrónico. As razões para a não utilização do comércio eletrónico são de ordem técnica, ambiental, económica, financeira, institucional e jurídica. Para Wanyoike el al. (2012), as barreiras são a falta de coerência com as necessidades da empresa, a ausência de benefícios perceptíveis, a falta de formação e o custo elevado.

Numa abordagem semelhante à de outros investigadores, Olatokun e Kebonye (2010) concluíram que o principal desafio enfrentado pelas empresas na sua utilização de tecnologias de comércio eletrónico estava relacionado com questões de segurança. Sugeriram que, para que a adoção do comércio eletrónico pelas PME seja bem sucedida, é necessário prestar apoio às PME. Na Sérvia, um estudo realizado por Petrovic e Kovacevic (2012) concluiu que a desconfiança é uma das principais razões directas para o baixo nível de adoção do comércio eletrónico. O estudo sugeriu mudanças fundamentais para uma maior adoção do comércio eletrónico. Ramsey et al. (2008) concluíram que as diferenças entre os adoptantes e os não adoptantes residem na capacidade de comércio eletrónico e na vontade de mudar/taxa de resposta às novas tecnologias.

Hashim (2009) considera que a compreensão do comércio eletrónico por parte dos gestores constitui um obstáculo à sua adoção. Muitos gestores acreditam que um sítio Web é simplesmente uma coisa agradável de se ter e que é a moda do momento. Para Al-Weshah e Al-Zubi (2012), as barreiras à adoção do comércio eletrónico são organizacionais e técnicas. Na fase de presença na Web, as barreiras organizacionais, como a falta de especialistas e a falta de tempo para a implementação, foram consideradas altamente significativas.

2.2 Factores que afectam a adoção do comércio eletrónico pelas PME

A revisão da literatura identificou alguns factores que motivam a adoção do comércio eletrónico pelas PME nos países desenvolvidos e em desenvolvimento (Stockdale & Standing, 2004, Al- Weshah et al. 2012) e forneceu provas de uma relação entre os facilitadores do comércio eletrónico e o nível dessa adoção. Seyal, Awais, Shamail e Abbas, (2004) concluíram que o apoio e os incentivos governamentais são significativos para influenciar a adoção do cibercomércio pelas PME no Paquistão. No caso das PME de Taiwan, Chen (2004) afirmou que o cibercomércio é utilizado para reduzir os custos e aumentar as vendas. Beck, Wigand e Konig (2005) realizaram um inquérito internacional na Alemanha, nos EUA, em França e na Dinamarca, tendo o estudo revelado que a melhoria do serviço ao cliente e o aumento das vendas são os principais factores que facilitam a adoção do cibercomércio. Kaynak, Tatoglu e Kula (2005) sugeriram que alcançar novos clientes e mercados e reduzir os custos são os factores mais importantes, enquanto o aumento das vendas, a poupança de tempo e a satisfação do cliente não são significativos para motivar a adoção do cibercomércio pelas PME na

Turquia.

Um estudo qualitativo efectuado por Stockdale e Standing (2004), que investigou os factores facilitadores e os obstáculos, concluiu que o apoio do proprietário/gestor e as iniciativas governamentais são os principais factores de motivação neste domínio. O inquérito de Chong e Pervan (2007) às PME australianas revelou que a pressão da concorrência e as iniciativas governamentais são os factores mais significativos que determinam a extensão e a implantação da adoção do cibercomércio, seguidos de

a abertura de novos mercados e a redução de custos, enquanto os factores organizacionais não desempenharam qualquer papel. O estudo de Chen e McQueen (2008) sobre os motivadores e inibidores que afectam a adoção do cibercomércio pelas PME na Nova Zelândia, também afirmou que o apoio do proprietário/gestor e a pressão externa sob a forma de concorrentes, parceiros comerciais, a melhoria das relações com os clientes e a eficiência, a expansão da base de clientes e a poupança de tempo são os motivadores mais importantes, enquanto a poupança dos custos de comunicação, a melhoria da satisfação dos clientes e a coordenação com os fornecedores não têm qualquer importância. Também salientaram que os proprietários/gestores são os intervenientes mais significativos que impulsionam essa adoção. O inquérito realizado por Scupola (2009) às PME na Dinamarca e na Austrália indica que o apoio da gestão de topo (incluindo os CEO) é o fator mais importante em ambos os países; os segundos factores mais importantes são os conhecimentos dos empregados sobre SI e a pressão dos clientes. No entanto, o inquérito concluiu que a pressão dos concorrentes e dos fornecedores não é muito importante. O papel dos incentivos governamentais foi o que teve maior peso para as PME australianas, mas não foi referido para as dinamarquesas.

Estima-se que os seguintes factores tenham impacto na adoção do comércio eletrónico pelas empresas iraquianas.

2.2.1 Vantagem esperada

A vantagem esperada é o grau em que uma inovação é percebida como sendo superior à sua antecessora em termos de rentabilidade económica, baixo custo inicial, diminuição do desconforto, poupança de tempo e esforço e imediatismo da recompensa. Gemino, Mackay e Reich (2006) sublinharam que a vantagem esperada é expressa pelos benefícios percebidos. Aghaunor e Fotoh (2006) elaboraram que os benefícios percebidos pelos gestores incluem poupanças de custos, geração de rendimentos e potenciais oportunidades em novos mercados, marketing e publicidade. Gemino et al. (2006) afirmaram que a investigação concluiu que a vantagem esperada é a principal razão para incentivar o crescimento do comércio eletrónico e que foi identificada uma relação positiva entre as vantagens percebidas e a adoção.

A literatura analisada mostra que quanto maiores forem os benefícios percebidos pelo empresário, maior será a possibilidade de adoção do comércio eletrónico. Assim, os benefícios percebidos são alguns dos factores que podem afetar a adoção do comércio eletrónico numa empresa. De acordo com Beckinsale e Ram (2006), os benefícios percebidos da adoção do comércio eletrónico incluem frequentemente a melhoria da eficiência da empresa, a eficácia operacional e a necessidade de procurar novos mercados e oportunidades. No entanto, embora existam muitos benefícios percebidos que foram disponibilizados através da adoção do comércio eletrónico, ainda há muitas pequenas empresas que não estão a tirar partido do comércio eletrónico. Por conseguinte, os benefícios percebidos são tidos em consideração como um dos factores que afectam a adoção do comércio eletrónico nas pequenas empresas (Iyanda & Ojo, 2008). No entanto, um estudo realizado por Luqman (2011) utilizando a modelação de equações estruturais concluiu que a vantagem esperada não é significativa para a adoção do comércio eletrónico.

2.2.2 Facilidade de utilização

Os sistemas de informação que o utilizador considera mais fáceis de utilizar na sua atividade e menos complexos aumentam a probabilidade da sua adoção e utilização (Lee et al. 2001; Tan & Teo 2000). De acordo com o TAM, a facilidade de utilização percebida (PEOU) é um fator importante que afecta a aceitação do sistema de informação (Davis et al. 1989). A PEOU é definida como "o grau em que uma pessoa acredita que a utilização de um determinado sistema será isenta de esforço" (Davis 1989). Se existirem as competências adequadas e a compreensão da tecnologia, a utilização do comércio eletrónico será mais fácil e, por conseguinte, é mais provável que seja aceite pelos utilizadores.

2.2.3 Disponibilidade do gestor

Estudos demonstraram que os novos sistemas de tecnologia da informação só terão sucesso se houver apoio da gestão de topo (Daniel & Myers, 2001), onde a propensão para adotar uma estratégia de CE estará fortemente associada à importância atribuída a essa estratégia na empresa (Stokes, 2000). Nesta perspetiva, a aceitação de uma inovação por parte dos gestores basear-se-á nas crenças e nos afectos que estes têm relativamente à inovação (Rogers, 2003).

A adoção do comércio eletrónico depende em grande medida da aceitação da tecnologia de comércio eletrónico pelo proprietário da empresa (Cloete et al. 2002). Pode resumir-se a partir da investigação anterior que as características dos gestores são factores importantes que afectam a adoção e a utilização do comércio eletrónico. O gestor é uma figura empreendedora que é crucial na determinação da atitude inovadora de uma pequena empresa (Rizzoni, 1991). Por conseguinte, espera-se que as características dos gestores influenciem a adoção do comércio eletrónico (Mirchandani & Motwani 2001). Isto deve-se ao facto de os gestores determinarem o estilo de gestão da empresa.

As características dos gestores, que incluem experiências anteriores, resistência à mudança, nível de educação e formação, são factores importantes que afectam a adoção e a utilização da tecnologia (Larsen & Wetherbe 1999; Woodcock & Chen, 2000). No entanto, um estudo realizado por Levy et al (2005) salientou que o apoio da gestão não é significativo na adoção do comércio eletrónico.

2.2.4 Necessidade do cliente

De acordo com Bellaaj, Bernard, Pecquet e Plaisent (2008), as pressões externas exercidas pelos concorrentes, clientes, parceiros comerciais, meios de comunicação social e o próprio público em geral podem forçar as empresas a adotar inovações tecnológicas. Isto mostra que os concorrentes, os fornecedores e os clientes podem exercer pressões directas ou indirectas sobre as PME para que adoptem o comércio eletrónico.

Recentemente, surgiram vários estudos que discutem a forma como as interacções com outras organizações e clientes numa economia global obrigaram estas PME a adotar tecnologias de CE (Hinson & Sorensen, 2006; Sarosa & Underwood, 2005). Além disso, as relações entre os parceiros da indústria também afectam a estrutura global da indústria (Gregor & Johnston, 2000). Iacovou et al. (1995) também afirmaram que a pressão competitiva que as empresas enfrentam na sua indústria específica influencia grandemente a decisão da empresa de adotar TI e CE. Com efeito, a utilização de TI e CE é frequentemente imposta às PME pelos principais clientes ou fornecedores, o que tem um grande impacto nos níveis de adoção entre as pequenas empresas.

A literatura divide-se quanto ao grau de influência que a concorrência no mercado tem na adoção do comércio eletrónico nas empresas. Por exemplo, enquanto Filiatrault e Huy (2006) defendem que a intensidade da concorrência contribui para a adoção do comércio eletrónico pelas organizações empresariais, Thong (1999) concluiu que a concorrência influencia muito pouco a adoção de novas tecnologias ou do comércio eletrónico nas pequenas empresas. Em contrapartida, Premkumar e Roberts (1999) afirmam que a pressão da concorrência é um forte fator que influencia a adoção. Por último, Lertwongsatien e Wongpinunwatana (2003) concluíram que existe uma relação entre a intensidade da concorrência numa indústria e o grau de adoção do comércio eletrónico.

Saffu, Walker e Mazurek (2012), no seu estudo na Eslováquia, concluíram que a pressão externa é muito significativa para a adoção do comércio eletrónico. Do mesmo modo, Al-Weshah e Al-Zubi, (2012) encontraram a mesma relação entre as duas variáveis. No entanto, Chen e McQueen (2008), no seu estudo sobre a adoção do comércio eletrónico, concluíram que a pressão externa não é um fator de facilitação significativo do comércio eletrónico.

2.2.5 Custo

O custo da adoção do comércio eletrónico é um fator importante a considerar pelas PME. Nenhuma PME estará interessada em adotar o comércio eletrónico se os benefícios não forem superiores aos custos de desenvolvimento e manutenção do sistema (Vatanasakdakul et al 2004). Segundo estes autores, as PME estão geralmente preocupadas com os custos de criação e manutenção do comércio eletrónico, uma vez que sofrem geralmente de restrições orçamentais e estão menos seguras do retorno esperado do investimento (Ernst & Young 2001).

O fator custo foi estudado por vários investigadores (Seyal & Rahim, 2006), que encontraram uma relação direta e significativa entre o custo e a adoção de tecnologia. Quanto mais baixo for o custo de adoção, maior será a inovação, como o comércio eletrónico, que será adoptada pela empresa e vice-versa.

Contudo, MacGregor e Vrazalic (2005), no seu estudo sobre as PME suecas, concluíram que a relação entre a adoção do comércio eletrónico e o custo não é estatisticamente significativa. Na mesma linha, Shah Alam (2011) encontrou uma relação insignificante entre o custo percebido e a adoção do comércio eletrónico.

2.2.6 Segurança

A segurança da Internet tem sido considerada como a chave para a difusão do comércio eletrónico (Alam et al. 2004). Vários estudos (Limthongchai & Speece 2003; Kendall et. al. 2001) concluíram que um dos principais obstáculos ao desenvolvimento do comércio eletrónico é a segurança da sua utilização. Para adotar a segurança da informação do comércio eletrónico, é essencial que a empresa tenha integridade em todo o sistema (Alam et al., 2004). Um estudo realizado por Beale (1999) revelou que a relutância de muitos consumidores em adotar o comércio eletrónico se centra nas preocupações com questões de segurança e na falta de confiança na configuração atual do comércio eletrónico (Beale, 1999, citado por Shah Alam et al., 2011).

Além disso, um inquérito sobre o comércio eletronico das PME em 1999, realizado pela Price Waterhouse Coopers, mostrou que a preocupação com a segurança é considerada o terceiro obstáculo mais importante à utilização do comércio eletrónico pelas PME. O receio de perder segredos comerciais criará relutância nas PME em considerar a possibilidade de entrar no comércio eletrónico (Killikanya, 2000).

Muitos investigadores referiram a segurança como um dos principais obstáculos à adoção do comércio eletrónico (Shah Alam et al, 2011; Aydemir, 2013). Wymer e Regan (2005) concluíram que o obstáculo mais importante é a segurança. De acordo com Levy et al (2005), as PME do Reino Unido preocupam-se com a segurança. No entanto, MacGregor e Vrazalic (2005) concluíram que as maiores barreiras entre as PME suecas são a inadequação do cibercomércio aos produtos e serviços de uma empresa, mas outros factores, como as questões de segurança, os elevados custos de investimento e a falta de conhecimentos, não figuram.

2.2.7 Preparação da empresa

O nível de preparação da empresa tem sido frequentemente identificado como um fator de previsão do sucesso da adoção das TI (Grandon & Pearson 2004; Thatcher & Foster, 2002). O grau de preparação da empresa reflecte as capacidades tecnológicas de uma empresa, ou o nível de utilização de conhecimentos e competências inovadores (Dosi et al., 2000).

Uma organização sem essa capacidade carece de preparação e terá menos probabilidades de adotar a inovação. As PME com uma preparação insuficiente podem incorrer em custos iniciais mais elevados aquando da implementação da inovação (Wang & Tsai 2002). Newcomer e Caudle (1991) afirmam que o acesso a equipamento adequado na organização é um fator determinante para a adoção de novas tecnologias. Do mesmo modo, Cohen e Levinthal (1990) referem que a introdução e a implementação da inovação dependem dos conhecimentos pré-existentes das empresas em domínios relacionados com a inovação pretendida.

A relação entre o grau de preparação da empresa e a adoção do comércio eletrónico foi considerada significativa por muitos estudos, como Grandon e Pearson (2002), Thatcher e Foster (2002). A maioria dos investigadores obteve resultados semelhantes, mas esta variável não foi testada no contexto iraquiano.

2.3 Teorias da adoção do comércio eletrónico

Existem muitas teorias que podem ser aplicáveis à adoção do comércio eletrónico. Apresentamos a seguir duas teorias sobre a adoção do comércio eletrónico.

2.3.1 Difusão da inovação

A Teoria da Difusão da Inovação (TDI) é um modelo desenvolvido para explicar o processo pelo qual as inovações tecnológicas são adoptadas pelos utilizadores. De acordo com Rogers (1995), uma inovação pode ser definida como uma ideia, prática ou objeto que é percebido como novo por um indivíduo ou uma organização (Rogers, 1995). A difusão refere-se ao processo pelo qual uma inovação é comunicada através de determinados canais ao longo do tempo entre os membros de um sistema social. Assim, defende-se que a IDT se concentra principalmente na interpretação da forma como as novas ideias e conceitos são amplamente adoptados.

A IDT tem em consideração uma série de atributos associados às inovações tecnológicas e acredita-se que estes atributos influenciam a taxa de adoção generalizada das inovações. Seguem-se as definições destes atributos dadas por Rogers (1995):

➢ Vantagem relativa: o grau em que uma inovação é considerada melhor do que a ideia que substitui.

➢ Compatibilidade: o grau em que uma inovação é percebida como consistente com os valores existentes, as experiências passadas e as necessidades dos potenciais adoptantes.

➢ Complexidade: o grau em que uma inovação é considerada relativamente difícil de compreender e utilizar.

➢ Experimentabilidade: o grau em que uma inovação pode ser experimentada numa base limitada.

➢ Observabilidade: o grau em que os resultados de uma inovação são visíveis para os outros.

É de notar que, entre os atributos acima mencionados, apenas a vantagem relativa, a compatibilidade e a complexidade estão consistentemente relacionadas com a adoção da inovação (Chen et al., 2000). Além disso, Rogers (1995) realizou uma revisão abrangente de cerca de 1500 estudos em que foram utilizadas variantes da IDT para examinar a adoção de inovações tecnológicas numa variedade de contextos, como a agricultura, os cuidados de saúde, o planeamento urbano e o desenvolvimento económico. Entre os estudos revistos, alguns concentraram-se na forma como esses atributos têm impacto na intenção comportamental e na utilização. Posteriormente, Rogers (1995) concebeu os seus próprios construtos de IDT, especificando os atributos do produto que se acredita terem um impacto mais forte na adoção.

2.3.2 Modelo de Aceitação de Tecnologia (TAM)

Introduzido por Davis et al. (1989), o TAM é visto como uma adaptação da Teoria da Ação Fundamentada (TRA) - especialmente adaptada para modelar e compreender a aceitação dos sistemas de informação pelos utilizadores.

Um dos principais objectivos da TAM é a interpretação dos factores que determinam a aceitação dos computadores. Espera-se que a TAM seja capaz de investigar o comportamento dos utilizadores num vasto domínio de tecnologias informáticas e populações de utilizadores finais, mas que, ao mesmo tempo, seja específica e teoricamente justificada.

O ideal é dispor de um modelo que seja útil não só para a previsão mas também para a interpretação, de modo a que as pessoas dos círculos académicos e profissionais possam mostrar por que razão um determinado sistema pode ser inaceitável e, em seguida, possam ser implementadas acções correctivas adequadas. É por isso que o TAM tem como principal objetivo construir uma base para compreender os efeitos dos factores externos nas crenças, atitudes e intenções internas. Por outras palavras, o TAM é estabelecido com o intuito de atingir os objectivos acima referidos, através da incorporação de variáveis fundamentais estudadas por investigações anteriores que dizem respeito aos determinantes cognitivos e afectivos da aceitação de computadores e da utilização da TRA como base para estabelecer relações teóricas entre estas variáveis.

É óbvio, a partir da Figura 3.1, que o TAM se centra em duas crenças específicas, nomeadamente a utilidade percebida (PU) e a facilidade de utilização percebida (PEOU), que desempenham um papel importante na perspetiva do comportamento de aceitação do computador. A PU refere-se ao grau em que um potencial utilizador acredita que a utilização de um determinado sistema irá melhorar os resultados do seu trabalho. Este argumento baseia-se no significado da palavra "útil" - "capaz de ser utilizado de forma vantajosa".

Nas organizações, as pessoas são geralmente motivadas por aumentos, promoções, bónus e outras recompensas para terem um bom desempenho. Argumenta-se que um sistema, cuja utilidade é percebida, é muito suscetível de levar o utilizador a acreditar que existe uma relação positiva entre a utilização e o desempenho.

A PEOU é definida como o grau em que um potencial utilizador acredita que a utilização de um determinado sistema será isenta de esforços. Este argumento baseia-se no significado da palavra "facilidade" - "ausência de dificuldades ou de grandes esforços".

O esforço é considerado como um recurso limitado utilizado por uma pessoa para as várias actividades pelas quais é responsável. Se os outros aspectos se mantiverem iguais, um sistema que seja considerado mais fácil de utilizar do que outro terá maior probabilidade de ser aceite pelos utilizadores.

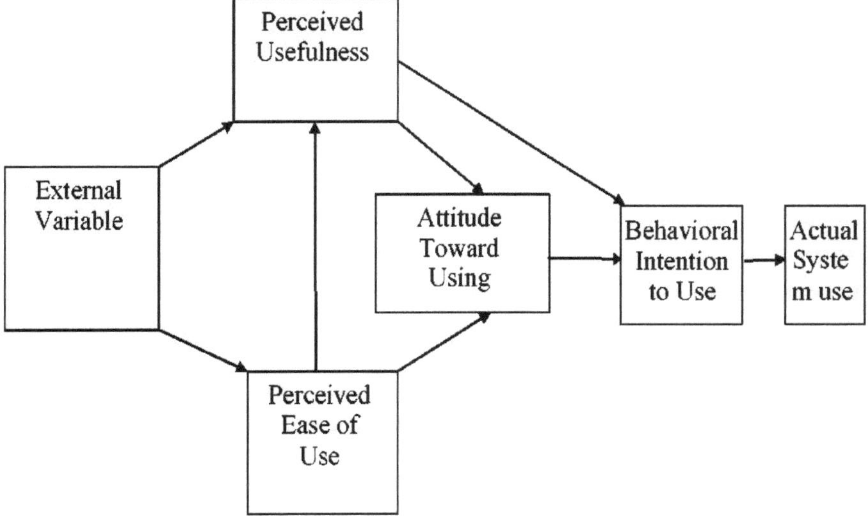

Figura 3.1: Quadro teórico do TAM

2.4 Quadro teórico

Com base na revisão da literatura, o quadro teórico proposto para este estudo é o seguinte

Variáveis independentes (IV)   **Variável Dependente (VD)**

(Factores que afectam a adoção do comércio eletrónico)

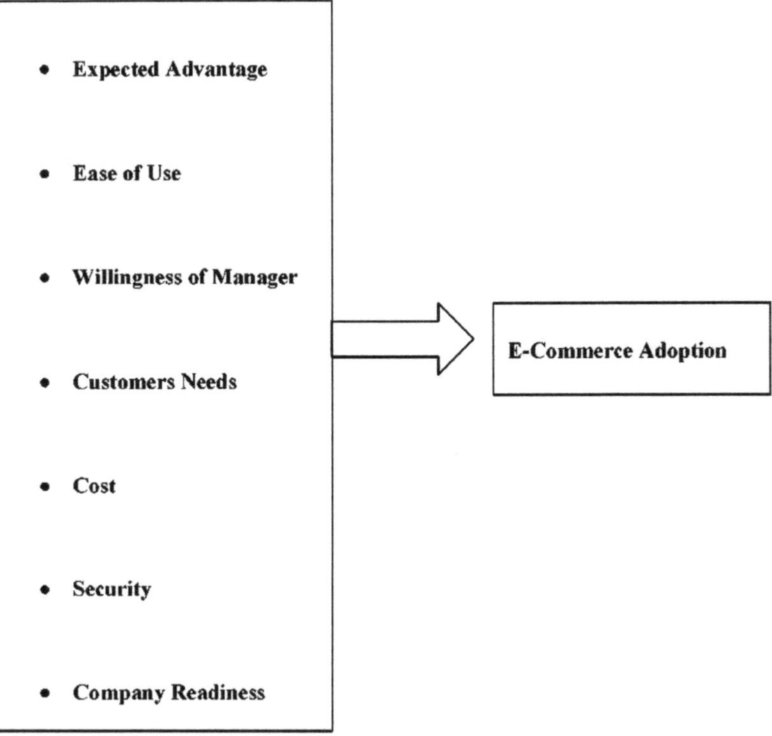

Figura 3.2: Quadro teórico proposto para a adoção do comércio eletrónico

2.4.1 Variável dependente

A variável dependente deste estudo é a adoção do comércio eletrónico pelas PME iraquianas. Espera-se que esta adoção dependa de muitos factores, tais como (1) a facilidade de utilização, que é determinada pelos utilizadores e pelos seus conhecimentos, (2) a segurança das transacções, (3) a vontade do gestor, que é normalmente o proprietário da empresa, (4) a preparação técnica e de infra-estruturas da empresa, (5) o custo previsto, (6) a vantagem prevista da adoção e (7) as necessidades e exigências dos clientes.

2.4.2 Variáveis independentes

As variáveis que se espera que afectem o nível de adoção do comércio eletrónico podem ser apresentadas da seguinte forma:

2.4.2.1 Vantagem esperada

A literatura revelou que quanto maiores forem os benefícios do comércio eletrónico, maiores serão as possibilidades de adoção (Beckinsale & Ram, 2006). A vantagem esperada da adoção pode desempenhar um papel importante para induzir os não adoptantes a adotar o comércio eletrónico. São muitas as vantagens que podem advir da adoção. Estas vantagens incluem um acesso mais alargado ao mercado e boas relações com fornecedores e clientes.

2.4.2.2 Facilidade de utilização

A facilidade de utilização refere-se à facilidade de utilização da tecnologia. (Lee et al. 2001). Espera-se que quanto mais fácil for a utilização do comércio eletrónico, maior será a probabilidade de adoção do comércio eletrónico pelas PME iraquianas. No entanto, se o adotante ou os adoptantes esperados sentirem que a utilização do comércio eletrónico não é fácil, então a adoção será baixa.

2.4.2.3 Disponibilidade do gestor

O gestor é o proprietário da empresa e tem normalmente uma forte influência na tomada de decisões da empresa. Os estudos mostram que o apoio da gestão de topo é essencial para a adoção do comércio eletrónico pela empresa (Daniel & Myers, 2001). Se o gestor estiver disposto a adotar a tecnologia, a adoção será mais fácil. No entanto, se o gestor considerar que a tecnologia não serve os propósitos e objectivos da empresa, a possibilidade de adoção será menor.

2.4.2.4 Necessidades dos clientes

A pressão que o cliente pode exercer sobre as PME pode induzi-las a adotar a tecnologia. A pressão externa dos clientes é muito significativa para a adoção do comércio eletrónico (Al-Weshah & Al-Zubi, 2012). O cliente é a principal fonte de receitas e a empresa tem de o satisfazer para garantir que voltará a comprar repetidamente. A adoção do comércio eletrónico pode aumentar a satisfação do cliente. Por conseguinte, as PME tenderão a adotar esta tecnologia.

2.4.2.5 Custo

O custo foi sempre determinado como um fator crítico para a adoção do comércio eletrónico. As empresas só estarão interessadas na adoção do comércio eletrónico se os benefícios ultrapassarem os custos de desenvolvimento e manutenção do sistema (Vatanasakdakul et al. 2004). Se o custo for elevado, a adoção será baixa e vice-versa. As PME em geral, e especialmente no Iraque, estão a sofrer de dificuldades de financiamento e de obtenção de empréstimos. Por conseguinte, o custo pode ser um fator determinante para a adoção.

2.4.2.6 Segurança

A segurança da transação foi sempre considerada como a chave para a difusão do comércio eletrónico (Alam et al. 2004). A maioria dos utilizadores ou adoptantes preocupa-se com a segurança da Internet e com as transacções efectuadas através da Internet. Acredita-se que quanto maior for a segurança da Internet, maior será a percentagem de adoptantes e vice-versa.

2.4.2.7 Preparação da empresa

A preparação da empresa refere-se às capacidades tecnológicas ou ao nível de utilização de conhecimentos e competências inovadores (Dosi et al., 2000). A adoção do comércio eletrónico pode ser afetada em grande medida pelo grau de preparação da empresa para adotar a tecnologia. A preparação pode assumir formas técnicas, de infra-estruturas, de pessoal qualificado, etc.

2.5 Hipóteses de investigação

Com base no quadro teórico, podem ser desenvolvidas as seguintes hipóteses.

H1: Existe uma relação entre a vantagem esperada e a adoção do comércio eletrónico pelas PME no Iraque.

H2: Existe uma relação entre a facilidade de utilização e a adoção do comércio eletrónico pelas PME no Iraque.

H3: Existe uma relação entre a vontade e a adoção do comércio eletrónico pelas PME no Iraque.

H4: Existe uma relação entre as necessidades dos clientes e a adoção do comércio eletrónico pelas PME no Iraque.

H5: Existe uma relação entre o custo e a adoção do comércio eletrónico pelas PME no Iraque.

H6: Existe uma relação entre a segurança e a adoção do comércio eletrónico pelas PME no Iraque.

H7: Existe uma relação entre o grau de preparação das empresas e a adoção do comércio eletrónico pelas PME no Iraque.

2.6 Resumo

Este capítulo apresentou a revisão da literatura relacionada com as questões e os objectivos da investigação. Estima-se que os factores que podem afetar a adoção do comércio eletrónico neste estudo são: facilidade de utilização, segurança, vontade do gestor, preparação da empresa, custo, vantagem esperada e necessidades do cliente.

CAPÍTULO 3

METODOLOGIA DE INVESTIGAÇÃO

3.1 Introdução

Este capítulo é dedicado à metodologia desta investigação. Verificou-se que a maioria dos estudos sobre a adoção do comércio eletrónico seguiu uma abordagem quantitativa. Este estudo não é exceção. Foi distribuído um questionário à amostra deste estudo. Os dados são recolhidos através de questionários e analisados com recurso ao SPSS 20.0. Através do qual é efectuada uma análise descritiva e um teste de hipóteses.

3.2 Conceção da investigação

O objetivo deste estudo é determinar os factores que afectam a adoção do comércio eletrónico e os benefícios e obstáculos do comércio eletrónico nas PME iraquianas. Neste estudo, é seguida uma abordagem quantitativa e é distribuído um questionário aos inquiridos, que são gestores das PME no Iraque. A população do estudo é constituída por todas as PME do sector dos serviços no estado de Al-Anbar, no Iraque, que se cifrou em 791. De acordo com a tabela de Sekaran (2003), a amostra é de 260.

3.3 População

A população do estudo são todas as PME no Iraque. De acordo com a Autoridade de Desenvolvimento Industrial do Iraque (2012) (1), existem 791 PMEs a trabalhar no sector dos serviços em Al- Anbar, no Iraque. As PME representam mais de 97% do total de empresas no estado. As PME incluem serviços de turismo, educação, financeiros e de construção. No entanto, devido a limitações de tempo e de custos, foi selecionada uma amostra para representar a população total.

3.4 Amostragem

O processo de seleção da amostra é apresentado nas etapas seguintes:

3.4.1 Quadro de amostragem

As informações sobre a população e as suas contagens foram obtidas junto da Câmara de Comércio e da Autoridade de Desenvolvimento Industrial do Estado de Al-Anbar e do governo federal. No entanto, as informações sobre a amostra (tipo de empresa, e-mails, números de telefone e endereços) foram obtidas junto da Câmara de Comércio iraquiana em Al-Anbar.(2)

1) http://www.inddevelopment.com/en/node/37)
2) http://www.iraqitic.com/iraqiTIC federation en.php

3.4.2 Conceção da amostragem

A conceção da amostragem é um projeto, ou um plano de trabalho, que especifica pormenorizadamente a estrutura da população, a dimensão da amostra, a seleção da amostra e o método de estimativa. O objetivo da conceção da amostragem é conhecer as características da população. Este estudo investiga especificamente a adoção do comércio eletrónico no estado de Al-Anbar pelas PME de serviços.

3.4.3 Técnica de amostragem

A amostra é selecionada aleatoriamente.

3.4.4 Tamanho da amostragem

De acordo com Sekaran (2003), quando a população é de 791 pessoas, a dimensão da amostra pode ser de 260 inquiridos. Esta amostra pode representar a população de forma eficaz e suficiente. Por conseguinte, a amostra deste estudo é constituída por 260 inquiridos.

3.4.5 Análise de unidades

A unidade de análise deste estudo é o diretor da PME. É selecionado devido à experiência e à capacidade de decisão que este gestor pode aplicar na empresa.

3.4.6 Questionário

O instrumento do estudo é um questionário. O questionário é composto por cinco secções.

A primeira secção procura obter informações sobre os antecedentes dos inquiridos, como a idade, o sexo, as habilitações literárias, o número de empregados que empregam nas suas empresas, o tipo de negócio e a compra e venda em linha.

A segunda secção examina a perceção da adoção do comércio eletrónico pelos inquiridos, que são os gestores das PME no Iraque.

A terceira secção é composta por várias subsecções e procura determinar a perceção dos inquiridos relativamente aos factores que afectam a adoção do comércio eletrónico no Iraque.

A quarta secção procura conhecer a perceção dos inquiridos sobre as vantagens da adoção do comércio eletrónico no Iraque.

A quinta secção procura determinar a perceção dos inquiridos sobre os obstáculos à adoção do comércio eletrónico no Iraque.

3.5 Recolha de dados

Os dados deste estudo foram recolhidos através de um questionário. O questionário foi adotado de outros investigadores (a fonte das medidas é apresentada no quadro 1). O investigador enviou por correio 260 questionários aos inquiridos. Os dados de contacto foram obtidos junto da Câmara de Comércio do Estado de Al-anbar, no Iraque. Após o primeiro envio dos questionários, os investigadores instaram os inquiridos a preencher os questionários e a enviá-los para o endereço eletrónico do investigador. Foi enviado um terceiro lembrete aos inquiridos, tendo sido obtidos 143 questionários. A taxa de resposta dos inquiridos foi de 55%. Esta percentagem é aceitável quando comparada com a de outros estudos quantitativos realizados sobre a adoção do comércio eletrónico e que utilizaram o inquérito por questionário.

3.4.1 Fonte das medições

A fonte dos itens do questionário foi adoptada de outros investigadores. As fontes são apresentadas no Quadro 3.1, como se segue:

Quadro 3.1: Fonte de medição

Variable	Type of Scale	Degree of Scale	Source
E-Commerce adoption	Likert scale	SD-Strongly Disagree D-: Disagree: N-Neutral: A- Agree: SA-Strongly Agree	Shah Alam et al (2011)
Ease of Use	Likert scale	SD-Strongly Disagree D-: Disagree: N-Neutral: A- Agree: SA-Strongly Agree	Shah Alam et al (2011)
Security	Likert scale	SD-Strongly Disagree D-: Disagree: N-Neutral: A- Agree: SA-Strongly Agree	Wanyoike et al (2012)
Willingness of Manager	Likert scale	SD-Strongly Disagree D-: Disagree: N-Neutral: A- Agree: SA-Strongly Agree	Al-Weshah, and Al-Zubi (2012).
Company Readiness	Likert scale	SD-Strongly Disagree D-: Disagree: N-Neutral: A- Agree: SA-Strongly Agree	Shah Alam et al (2011)
Cost	Likert scale	SD-Strongly Disagree D-: Disagree: N-Neutral: A- Agree: SA-Strongly Agree	Shah Alam et al (2011)
Expected Advantage	Likert scale	SD-Strongly Disagree D-: Disagree: N-Neutral: A- Agree: SA-Strongly Agree	Shah Alam et al (2011)
Customer Needs	Likert scale	SD-Strongly Disagree D-: Disagree: N-Neutral: A- Agree: SA-Strongly Agree	Ifinedo (2011).
Potential Benefits	Likert scale	SD-Strongly Disagree D-: Disagree: N-Neutral: A- Agree: SA-Strongly Agree	Aydemir (2013)
Potential Barriers	Likert scale	SD-Strongly Disagree D-: Disagree: N-Neutral: A- Agree: SA-Strongly Agree	Aydemir (2013)

3.6 Análise de dados

Os dados são analisados através do Statistical Package for Social Sciences (SPSS) versão 20.0. Os resultados são apresentados através de uma análise descritiva e as hipóteses são testadas através da Correlação de Pearson para encontrar a direção e a significância da relação entre as variáveis independentes e a variável dependente.

3.7 Resumo

Este capítulo apresenta a metodologia desta investigação. Esta investigação segue uma abordagem quantitativa. Foi distribuído um questionário aos inquiridos deste estudo. O questionário foi distribuído por correio eletrónico. Os dados de contacto dos inquiridos foram obtidos na câmara de comércio do estado de Al-Anbar, no Iraque. A população do estudo são as PME nos estados. Existem 791 PME no estado de Al-Anbar. De acordo com a tabela de Sekaran, a amostra deste estudo é constituída por 260 inquiridos. A recolha de dados foi realizada através de um questionário adotado. O investigador enviou por correio 260 questionários aos inquiridos e a taxa de resposta ao questionário foi de 55%. Esta taxa de resposta é aceitável em comparação com outros estudos quantitativos, que obtiveram uma taxa de resposta inferior a 55%. As fontes do questionário foram reconhecidas e referenciadas em conformidade. A análise dos dados foi efectuada com recurso ao SPSS versão 20.0. Para obter as conclusões do estudo, foi efectuada uma análise descritiva, juntamente com uma correlação de Pearson e uma análise de regressão.

CAPÍTULO 4

RESULTADOS DA INVESTIGAÇÃO

4.1. Introdução

Este capítulo é dedicado à apresentação dos resultados da investigação deste estudo. O capítulo apresenta os resultados da análise do estudo. O rastreio dos dados é efectuado para determinar a bondade dos dados, bem como o teste de normalidade para determinar se os dados se distribuem normalmente ou não. A análise descritiva é utilizada para encontrar a informação descritiva dos inquiridos e para encontrar o valor da pontuação média das variáveis. O teste de fiabilidade é realizado para determinar a consistência interna entre os itens das variáveis. A correlação de Pearson e a análise de regressão são efectuadas para determinar a relação entre as variáveis e a variância dessa relação.

4.1 Análise de dados

4.1.1 Variável categórica

A qualidade dos dados foi examinada utilizando o SPSS, onde foi efectuada uma análise descritiva para examinar os dados e encontrar os erros ou os dados em falta. Os dados foram limpos, purificados e seleccionados e ficaram prontos para serem analisados. A Tabela 2 apresenta a frequência das variáveis categóricas e mostra que não existe nenhum valor em falta. Os valores mínimos e máximos das variáveis estão correctos e associados à variável categórica em conformidade.

Tabela 4.1: Tabela de frequência para variáveis categóricas

		Age	Gender	Education	NO. employees	Business type	Length of Service	Buy online	Selling online	Website	Social Webpage
N	Valid	143	143	143	143	143	143	143	143	143	143
	Missing	0	0	0	0	0	0	0	0	0	0
Minimum		2	1	1	1	1	1	1	1	1	1
Maximum		4	2	5	3	5	3	2	2	2	2

4.1.2 Teste de normalidade

O teste estatístico requer que a população dos dados da amostra provenha de uma distribuição normal (Shapiro e Wilk, 1965) (Royston, 1982). Isto porque, sem o requisito de normalidade, os resultados da análise não serão exactos. Por conseguinte, é muito importante garantir que o teste de normalidade e os pressupostos são satisfeitos. Os métodos de avaliação da normalidade podem ser divididos em numéricos e gráficos. Exemplos de métodos numéricos são a estatística de Kolmogorov Smirnov e a estatística de Shapiro Wilk (Daud et al., 2011). Para esta investigação, com menos experiência na interpretação do método gráfico, é escolhido o método numérico para testar a normalidade dos dados. Mais concretamente, é utilizado o teste de Shapiro Wilk, uma vez que a dimensão da amostra se situa entre 7 e 2000 (Shapiro e Wilk, 1965) (Royston, 1982).

De acordo com Shapiro e Wilk (1965), se o valor sig. de Shapiro-Wilk for superior a (0,05), os dados são considerados normais. No entanto, se o valor sig. for inferior a (0,05), então os dados desviam-se significativamente da distribuição normal. O resultado dos testes de Kolmogorov-Smirnov[a] (p<0,005) e de

Shapiro-Wilk mostrou que (p>0,05) (n=143) após a deteção e remoção dos valores anómalos. O resultado sugere que os dados têm uma distribuição normal.

4.2 Informações descritivas

Foi efectuada uma análise descritiva para encontrar a descrição dos dados dos inquiridos. A análise de frequência foi utilizada para apresentar os dados dos inquiridos, tais como a sua idade, sexo, habilitações, etc. A análise descritiva foi utilizada para encontrar a descrição das variáveis. As subsecções seguintes apresentam o perfil dos inquiridos e a descrição das variáveis.

4.2.1 Perfis demográficos

O resumo das variáveis categóricas é apresentado no Quadro 4.2.

Tabela 4.2: Frequência dos dados categóricos

Age	Label	Frequency	Percent
Valid	21-30 years	8	5.6
	41-50 years	8	5.6
	31-40 years	127	88.8
	Total	143	100.0
Gender	Label	Frequency	Percent
Valid	Female	8	5.6
	Male	135	94.4
	Total	143	100.0
Education	Label	Frequency	Percent
Valid	master degree	5	3.5
	PhD	5	3.5
	high school	29	20.3
	Bachelor	104	72.7
	Total	143	100.0
Number of employees	Label	Frequency	Percent
Valid	less than 20	143	100.0
Business type	Label	Frequency	Percent
Valid	Trade	5	3.5
	Educational Service	5	3.5
	Agriculture	5	3.5
	Manufacturing	58	40.6
	Service	70	49.0
	Total	143	100.0
Length of service	Label	Frequency	Percent
Valid	7-9 years	23	16.1
	4-6 years	34	23.8
	1-3 years	86	60.1
	Total	143	100.0
Buying online	Label	Frequency	Percent
Valid	No	60	42.0
	Yes	83	58.0
	Total	143	100.0
Selling online	Label	Frequency	Percent

	Label	Frequency	Percent
Valid	Yes	28	19.6
	No	115	80.4
	Total	143	100.0
Possession of Website	Label	Frequency	Percent
Valid	Yes	23	16.1
	No	120	83.9
	Total	143	100.0
Social webpage	Label	Frequency	Percent
Valid	No	37	25.9
	Yes	106	74.1
	Total	143	100.0

A maioria dos inquiridos situa-se no grupo etário dos 31-40 anos. 88,8% dos inquiridos situam-se neste grupo etário. Uma minoria de 5,6% situa-se igualmente no grupo etário dos 21-30 anos e dos 41-50 anos, respetivamente. A maioria, 94%, tem menos de 40 anos, o que indica que os inquiridos são sobretudo jovens empresários que ainda estão no início da sua carreira empresarial.

A maioria, 94,4 por cento, é do sexo masculino. Apenas 5,6 por cento são mulheres. A comunidade empresarial no Iraque é dominada por homens. A maioria dos empresários é do sexo masculino, o que pode ser explicado pela cultura e pela religião, segundo as quais as mulheres devem ficar em casa a educar os filhos e os homens devem assegurar o rendimento familiar.

Uma maioria de 72,7% dos inquiridos possui um diploma de bacharelato. Esta maioria é seguida por 20,3% dos inquiridos que possuem o ensino secundário. Uma pequena percentagem dos inquiridos tem mestrado e doutoramento. Quase 80 por cento dos inquiridos têm uma educação formal que varia entre o bacharelato e o doutoramento.

Os inquiridos do estudo são gestores de PME. Por conseguinte, afirmaram que todos eles empregam menos de 20 trabalhadores nas suas empresas. Todos os inquiridos empregam menos de 20 trabalhadores e o estudo está a investigar a adoção do comércio eletrónico pelas PME.

O tipo de negócio em que os inquiridos trabalham é apresentado no Quadro 4.2. Este mostra que 49% dos inquiridos trabalham no sector dos serviços. O segundo sector é a indústria transformadora, com uma percentagem de 40,6. A agricultura, o serviço educativo e o comércio são iguais, com 3,5%.

A maioria, 60,1 por cento, está em atividade há menos de três anos. 23,8% das empresas estão a trabalhar há menos de seis anos. Uma minoria de 16,1 por cento está no ativo há menos de nove anos. A maioria dos gestores ou dos inquiridos declarou que a idade da sua empresa é inferior a nove anos. Este facto pode ser explicado pelo ambiente instável no Iraque e pelo longo período de guerras regionais.

A experiência de compra em linha é apresentada no Quadro 4.2. O quadro mostra que 58% dos inquiridos já tiveram a experiência de comprar em linha. Por outro lado, 42 dos inquiridos ainda estão longe do ambiente em linha. Uma vez que muitas definições de comércio eletrónico se centram na compra e venda em linha, esta pergunta destinava-se a identificar este aspeto. Mais de metade dos inquiridos já fez compras em linha, o que indica que o conhecimento das transacções em linha está a aumentar.

O Quadro 4.2 mostra a experiência de venda em linha dos inquiridos. Mostra que 80,4% dos inquiridos não efectuaram quaisquer vendas em linha. Apenas 19,6% dos inquiridos efectuaram vendas em linha. A maioria dos inquiridos ainda não tem experiência ou não efectua quaisquer vendas em linha. Este facto pode ser atribuído à falta de sensibilização para o processo ou a infra-estruturas deficientes e a outras instituições complementares que apoiam esses processos, como os bancos.

A tabela mostra a posse de um sítio Web pelos inquiridos. A tabela mostra que 83,9% dos inquiridos não possuem um sítio Web. Apenas 16,1 por cento dos inquiridos criaram um sítio Web. A percentagem de proprietários de sítios Web entre os inquiridos e reduzida. Tal pode dever-se à natureza do negócio ou à capacidade de gestão do sítio Web por parte da empresa. Para além disso, o custo desempenha um papel vital neste contexto.

A tabela mostra também a posse de páginas sociais, como a página do Facebook, pelos inquiridos. A tabela mostra que 74,1 por cento dos inquiridos possuem uma página social. 25,9% dos inquiridos não possuem qualquer página social. As páginas sociais são fáceis de criar e gerir. Os inquiridos podem utilizar estas páginas para promover os seus produtos e é um tipo de moda que todas as empresas devem ter.

4.2.2 Descrição das variáveis

Esta secção apresenta uma análise descritiva das variáveis. O valor da pontuação média é interpretado com base no quadro seguinte:

Tabela 4.3: Interpretação do valor da pontuação média

Mean Score	Interpretation
1.00 -1.80	Strongly disagree
1.81 – 2.60	Disagree
2.61 – 3.40	Moderate agree
3.41 – 4.20	Agree
4.21 – 5.00	Strongly agree

Tabela 4.4: Estatística descritiva para todas as variáveis

Variables	N	Minimum	Maximum	Mean	Status
E-commerce Adoption	143	1	5	3.72	Agree
Expected advantage	143	1	5	3.59	Agree
Ease of Use	143	1	5	3.48	Agree
Willingness of managers	143	1	5	3.58	Agree
Customer Needs	143	1	5	3.45	Agree
Cost	143	1	5	3.52	Agree
Security	143	1	5	3.63	Agree
Company Readiness	143	1	5	3.63	Agree
Benefits	143	1	5	3.63	Agree
Barriers	143	1	5	3.58	Agree

O Quadro 4.4 mostra que o valor mais elevado da pontuação média global se refere à segurança e ao grau de preparação da empresa, com 3,63, o que pode ser explicado pela concordância total com os itens das afirmações. O valor mais baixo da pontuação média global é registado para as necessidades dos clientes, com um valor médio de 3,45.

4.3 Análise de fiabilidade

A Tabela 4.5 apresenta o teste de fiabilidade das variáveis do estudo. O Alfa de Cronbach foi utilizado para determinar a fiabilidade das medidas e para encontrar a consistência interna das escalas e dos seus itens. Na análise da fiabilidade do Alfa de Cronbach, quanto mais próximo o Alfa de Cronbach estiver de 1,0, mais elevada é a fiabilidade da consistência interna. De acordo com o Alfa de Cronbach, uma fiabilidade inferior a 0,6 é considerada fraca, uma fiabilidade no intervalo de 0,7 é considerada aceitável e uma fiabilidade superior a 0,8 é considerada boa. O quadro seguinte mostra que todas as escalas são fiáveis. A tabela indica que todas as escalas têm uma fiabilidade aceitável, boa e muito boa.

Quadro 4.5: Teste de fiabilidade

Scales	Number of Items	Cronbach's Alpha	Status
E-commerce Adoption	11	0.916	Very Good
Expected Advantage	6	0.872	Good
Ease of Use	6	0.748	Acceptable
Willingness of Manager	5	0.773	Acceptable
Cost	4	0.752	Acceptable
Customer Need	3	0.710	Acceptable
Security	4	0.849	Good
Company Readiness	5	0.908	Very Good
Benefits	13	0.955	Very Good
Barriers	6	0.930	Very Good

4.4 Regressão

A fim de testar as hipóteses desta investigação, é utilizada uma correlação de Pearson. A variância da relação entre a variável dependente e as variáveis independentes é examinada através da regressão múltipla. As subsecções seguintes apresentam a correlação de Pearson e a análise de regressão.

4.4. 1Correlação de Pearson

O quadro 7 apresenta os resultados da análise da correlação de Pearson. A relação entre todas as variáveis independentes e as variáveis dependentes é significativa. A correlação mais elevada é encontrada entre a adoção do comércio eletrónico e a vantagem esperada, com uma correlação de 0,797. A correlação positiva mais baixa verifica-se entre as necessidades dos clientes e a adoção do comércio eletrónico, com uma correlação de 0,554. A relação negativa mas significativa é encontrada entre a adoção do comércio eletrónico e o custo, com uma correlação de 0,550.

Tabela 4.6: Correlação de Pearson

Variable		E-commerce Adoption
E-commerce Adoption	Pearson Correlation	1
	Sig. (2-tailed)	
	N	143
Expected Advantage	Pearson Correlation	.797[**]
	Sig. (2-tailed)	.000
	N	143

Ease of Use	Pearson Correlation	.631[**]
	Sig. (2-tailed)	.000
	N	143
Willingness of Manager	Pearson Correlation	.576[**]
	Sig. (2-tailed)	.000
	N	143
Customer Need	Pearson Correlation	.554[**]
	Sig. (2-tailed)	.000
	N	143
Cost	Pearson Correlation	.-550[**]
	Sig. (2-tailed)	.000
	N	143
Security	Pearson Correlation	.657[**]
	Sig. (2-tailed)	.000
	N	143
Company Readiness	Pearson Correlation	.618[**]
	Sig. (2-tailed)	.000
	N	143

4.4.2 Análise de variância (ANOVA)

A Tabela 4.7 apresenta a análise ANOVA do modelo do estudo. O valor de Sig. 0,000, que é inferior a 0,05, indica que existem diferenças significativas entre a pontuação média da adoção do comércio eletrónico, que é a variável dependente do estudo. O resultado da análise mostra que os principais efeitos da adoção do comércio eletrónico pelas PME no Iraque são a disponibilidade da empresa, a facilidade de utilização, o custo, a necessidade do cliente, a vantagem esperada, a vontade do gestor e a segurança. Isto significa que o modelo é aceite.

Tabela 4.7: ANOVA

ANOVA[b]					
Model	Sum of Squares	Df	Mean Square	F	Sig.
1 Regression	4683.366	7	669.052	40.459	.000[a]
Residual	2232.452	135	16.537		
Total	6915.818	142			
a. Predictors: (Constant), Company Readiness, Ease of Use , Cost, Customer Need, Expected Advantage , Willingness of Manager, Security					
b. Dependent Variable: E-commerce Adoption					

4.5 Discussão

Nesta secção, é destacado o teste das hipóteses do estudo. Os resultados e a discussão são apresentados nos parágrafos seguintes.

H: Existe uma relação entre a vantagem esperada e a adoção do comércio eletrónico pelas PME no Iraque

A primeira hipótese desta investigação afirmava que "H1: Existe uma relação entre a vantagem esperada e a adoção do comércio eletrónico pelas PME no Iraque". Simultaneamente, a primeira questão desta investigação consistia em encontrar a relação entre a vantagem esperada e a adoção do comércio eletrónico.

Com base no resultado apresentado no Quadro 4.6, a relação entre as duas variáveis é significativa, uma vez que a correlação é de 0,797, e é positiva, devido ao sinal positivo à frente do coeficiente. Por conseguinte, um aumento da vantagem esperada conduzirá a um aumento da adoção do comércio eletrónico. A primeira hipótese é aceite.

A conclusão deste estudo está em total concordância com as conclusões de Beckinsale e Ram (2006), que encontraram uma relação direta e positiva entre a vantagem esperada e a adoção do comércio eletrónico.

H2: Existe uma relação entre a facilidade de utilização e a adoção do comércio eletrónico pelas PME no Iraque

A segunda hipótese desta investigação afirmava que, "H2: Existe uma relação entre a facilidade de utilização e a adoção do comércio eletrónico pelas PME no Iraque". A segunda questão de investigação consistia em determinar a relação entre a facilidade de utilização e a adoção do comércio eletrónico.

A correlação de Pearson apresentada no quadro 4.6 mostra que a relação é significativa, uma vez que a correlação é significativa a um nível inferior a 0,05. A relação é também positiva devido ao sinal positivo à frente do coeficiente, com uma correlação de 0,631.

Este resultado indica que o aumento da facilidade de utilização para a adoção e a usabilidade da aplicação de comércio eletrónico conduzirá a um aumento da adoção do comércio eletrónico. A segunda hipótese é aceite. As conclusões do estudo estão de acordo com as conclusões de outros investigadores. Lee et al. (2001) examinaram a relação entre a facilidade de utilização e a adoção do comércio eletrónico. Os resultados do seu estudo mostraram que a relação é direta e positiva. Numa abordagem semelhante, Tan e Teo (2000) obtiveram os mesmos resultados.

H3: Existe uma relação entre a vontade e a adoção do comércio eletrónico pelas PME no Iraque

A terceira hipótese desta investigação afirmava que "H3: Existe uma relação entre a disponibilidade e a adoção do comércio eletrónico pelas PME no Iraque". Entretanto, a terceira questão de investigação deste estudo consistia em determinar a relação entre a disponibilidade do gestor e a adoção do comércio eletrónico. .

Com base na Tabela 4.6, que mostra a correlação de Pearson deste estudo, a relação é significativa porque a correlação é significativa a um nível inferior a 0,05. A relação é também positiva devido ao sinal positivo à frente do coeficiente com uma correlação de 0,576. Isto indica que um aumento do nível de disponibilidade dos gestores conduzirá a um aumento da adoção do comércio eletrónico. A terceira hipótese é aceite.

Os estudos realizados para examinar a relação entre a disponibilidade dos gestores e a adoção do comércio eletrónico chegaram a conclusões semelhantes (Torcchia & Janda 2000; Larsen & Wetherbe 1999; Woodcock & Chen, 2000). Todos estes investigadores encontraram uma relação direta e significativa entre a disponibilidade dos gestores e a adoção do comércio eletrónico.

H4: Existe uma relação entre as necessidades dos clientes e a adoção do comércio eletrónico pelas PME no Iraque

A quarta hipótese desta investigação afirmava que "H4: Existe uma relação entre as necessidades dos clientes e a adoção do comércio eletrónico pelas PME no Iraque". Simultaneamente, a quarta questão deste estudo pretendia encontrar a relação entre as necessidades dos clientes para a implementação do comércio eletrónico e a adoção do comércio eletrónico pelas PME no Iraque.

Com base na correlação de Pearson na Tabela 4.6, a relação entre as duas variáveis é significativa porque a relação é significativa a um nível inferior a 0,05. A relação é positiva com uma correlação de 0,554 devido ao sinal positivo à frente do coeficiente. O resultado indica que, quando as necessidades dos clientes aumentam, aumenta a vontade dos gestores das PME de adoptarem o comércio eletrónico nas suas empresas. Por conseguinte, a quarta hipótese é aceite.

As conclusões do presente estudo estão de acordo com as conclusões de outros investigadores. Saffu, et al. (2012), no seu estudo na Eslováquia, descobriram que a pressão externa (necessidade do cliente) é muito significativa para a adoção do comércio eletrónico. Do mesmo modo, Al-Weshah e Al-Zubi (2012) encontraram a mesma relação entre as duas variáveis.

H5: Existe uma relação entre o custo e a adoção do comércio eletrónico pelas PME no Iraque

A quinta hipótese desta investigação afirmava que "H5: Existe uma relação entre o custo e a adoção do comércio eletrónico pelas PME no Iraque". A quinta questão deste estudo consistia em determinar a relação ou associação entre o custo da adoção do comércio eletrónico e a adoção do comércio eletrónico.

Com base no Quadro 4.6, a relação entre as duas variáveis é significativa porque a correlação é significativa a um nível inferior a 0,05. No entanto, a relação é negativa devido ao sinal negativo à frente do coeficiente. O resultado indica que, quando o custo de adoção diminui, a adoção do comércio eletrónico aumenta. Por conseguinte, a relação é significativa mas negativa e a quinta hipótese é rejeitada.

Esta constatação está de acordo com as conclusões de outros investigadores que realizaram estudos sobre a relação entre o custo e a adoção do comércio eletrónico. A maioria dos estudos na literatura concluiu que quanto mais elevado for o custo de adoção, menor será a probabilidade de adoção do comércio eletrónico (Seyal & Rahim, 2006).

H6: Existe uma relação entre a segurança e a adoção do comércio eletrónico pelas PME no Iraque

A sexta hipótese deste estudo afirmava que "H6: Existe uma relação entre a segurança e a adoção do comércio eletrónico pelas PME no Iraque". A sexta questão deste estudo consistia em determinar a relação entre a segurança e a adoção do comércio eletrónico pelas PME no Iraque.

Com base no Quadro 4.6, a relação entre a adoção do comércio eletrónico e a segurança é significativa, porque a relação é significativa a um nível inferior a 0,05. A relação também é positiva, com uma correlação de 0,657, devido ao sinal positivo à frente do coeficiente. Quando o nível de segurança aumenta, a adoção do comércio eletrónico aumenta. Por conseguinte, a sexta hipótese é aceite.

As conclusões de outros investigadores coincidem com as conclusões do presente estudo. Alam et al (2004) concluíram que quanto maior for a segurança da transação em linha, maior será a oportunidade de as PME adoptarem a tecnologia. Outros estudos mostraram que os clientes hesitam em adotar a tecnologia se o nível de segurança for baixo (Beale, 1999).

H7: Existe uma relação entre o grau de preparação da empresa e a adoção do comércio eletrónico pelas PME no Iraque

A sétima hipótese desta investigação afirmava que "H7: Existe *uma* relação entre a disponibilidade da empresa e a adoção do comércio eletrónico pelas PME no Iraque". A sétima questão deste estudo consistia em determinar a relação entre a adoção do comércio eletrónico e a disponibilidade da empresa para adotar o comércio eletrónico.

Com base no Quadro 4.6, a relação entre as duas variáveis é significativa a um nível de correlação de 0,554. A relação é também positiva devido ao sinal positivo à frente do coeficiente. O resultado indica que, quando a preparação da empresa, do ponto de vista dos recursos e das capacidades, aumenta, a adoção do comércio eletrónico aumenta. Por conseguinte, a hipótese sete é aceite.

As conclusões deste estudo vão ao encontro das conclusões de outros investigadores. Grandon e Pearson (2004) afirmam que o nível de preparação da empresa tem sido frequentemente identificado como um indicador de uma adoção bem sucedida das TI. Thatcher e Foster (2002) também encontraram resultados semelhantes e concluíram que a relação entre o grau de preparação da empresa e o comércio eletrónico é direta e significativa.

4.6 Vantagens do comércio eletrónico

A oitava questão desta investigação consistia em determinar os potenciais benefícios que as PME do estado de Al-Anbar, no Iraque, podem obter através da adoção do comércio eletrónico. Os principais benefícios da adoção do comércio eletrónico pelas PME no Iraque foram identificados como sendo os seguintes

4.6.1 Vantagem competitiva

A vantagem competitiva pode consistir na redução dos custos, no acesso a novos mercados ou na melhoria da produtividade. Os inquiridos salientaram que a adoção do comércio eletrónico pelas PME pode levar estas empresas a criar vantagens competitivas em relação às que não adoptam esta tecnologia.

4.6.2 Acesso a um novo mercado

Uma segunda vantagem foi identificada pelo inquirido como sendo o acesso a novos mercados. A adoção do comércio eletrónico permite que as empresas saiam da fronteira geográfica do país e procurem novos mercados para os seus produtos ou adquiram matérias-primas a baixo preço.

4.6.3 Satisfação do cliente

A adoção do comércio eletrónico permite aos clientes da empresa comprar e pagar as suas compras mais facilmente. A utilização de um sistema em linha para as compras e o pagamento pode reduzir o custo que o cliente paga pelo produto, bem como o tempo de que os clientes dispõem. Além disso, o comércio eletrónico fornece aos clientes as informações de que necessitam sobre os produtos, o que aumenta globalmente a satisfação dos clientes com o produto ou serviço fornecido pela empresa.

4.7 Barreiras ao comércio eletrónico

A nona questão da investigação consistia em encontrar os potenciais obstáculos à adoção do comércio eletrónico no Estado de Al-Anbar, no Iraque. Os inquiridos destacaram muitos obstáculos. Nesta secção, os três principais obstáculos são apresentados por ordem de importância.

4.7.1 Adequação do tipo de empresa

Os inquiridos descreveram o comércio eletrónico como não sendo adequado para os seus tipos de negócio.

Uma percentagem razoável dos inquiridos trabalha em indústrias transformadoras ou na agricultura. Estes tipos de indústrias não se adequam ao comércio eletrónico. Pensa-se que as indústrias de serviços e o comércio correspondem à natureza do comércio eletrónico.

4.7.2 Falta de pessoal qualificado

O pessoal qualificado é aquele que pode lidar com o comércio eletrónico e as suas aplicações. Os inquiridos destacaram a falta de pessoal qualificado como um obstáculo à adoção do comércio eletrónico. Existe uma percentagem razoável de inquiridos que não possui educação formal ou ensino secundário. Este facto pode ser uma razão para a inexistência de pessoal qualificado na empresa.

4.7.3 Aumento do custo

O custo do comércio eletrónico está a aumentar. A aquisição de pessoas com os conhecimentos adequados e de hardware, software e outros requisitos do comércio eletrónico é dispendiosa para estas empresas, que se caracterizam por serem de pequena dimensão e empregarem menos de 20 trabalhadores. Por conseguinte, o custo foi considerado como um dos obstáculos à adoção do comércio eletrónico.

4.8 Resumo

Este capítulo apresentou os resultados do estudo. O capítulo apresentou a informação de base do inquirido. Os inquiridos do estudo foram 143 gestores de PME no estado de Al-Anbar, no Iraque. Os resultados do estudo revelaram que todas as variáveis independentes têm uma relação significativa com a variável dependente. A correlação mais elevada foi encontrada entre a vantagem esperada e a adoção do comércio eletrónico. A necessidade do cliente e a adoção do comércio eletrónico tiveram as correlações mais baixas. Foi encontrada uma relação negativa e significativa entre o custo e a adoção do comércio eletrónico. Todas as hipóteses relacionadas foram aceites, exceto a quinta hipótese, que se relacionava com o custo da adoção do comércio eletrónico, em que foi proposta uma relação positiva entre as duas variáveis. No entanto, verificou-se que a relação era negativa e a hipótese foi rejeitada.

CAPÍTULO 5

CONCLUSÕES E RECOMENDAÇÕES

5.1 Introdução

Este capítulo é dedicado a resumir os resultados da investigação e a fornecer as recomendações relevantes para uma melhor adoção do comércio eletrónico no Iraque. O capítulo começa por apresentar as recomendações, depois indica as limitações da investigação e, por último, conclui os resultados da investigação.

5.2 Recomendações

Com base nas conclusões deste estudo, as seguintes recomendações e sugestões podem ser utilizadas pelos gestores das PME no Iraque para uma implementação mais eficaz do comércio eletrónico e uma adoção mais benéfica da tecnologia.

5.2.1 Vantagem esperada

As vantagens esperadas são os benefícios que podem ser obtidos através da adoção do comércio eletrónico pelas PME. Com base no valor da pontuação média, a adoção do comércio eletrónico pode resultar nas seguintes vantagens.

5.2.1.1 Imagem da empresa

Aqueles que adoptam o comércio eletrónico podem melhorar a imagem pública das suas empresas e aumentar a propaganda boca a boca positiva. A adoção do comércio eletrónico pode facilitar as transacções e incentivar os clientes a negociar com a empresa. Este facto pode ser interpretado por um maior número de recompras dos produtos e serviços da empresa.

5.2.1.2 Redução de custos

Apesar de o investimento inicial ser considerado elevado para as PME e os inquiridos no Iraque, uma das principais vantagens do comércio eletrónico é a redução dos custos. Ao adoptarem o comércio eletrónico, as empresas podem reduzir o custo das operações, minimizar a necessidade de deslocações e o desperdício de tempo. O comércio eletrónico permite que as empresas realizem negócios em linha e seleccionem o produto mais adequado aos seus objectivos comerciais.

5.2.2 Facilidade de utilização

A facilidade de utilização refere-se ao grau em que a tecnologia é considerada fácil de utilizar pelos utilizadores. A este respeito, pode ser feita a seguinte sugestão.

5.2.2.1 Interação com o comércio eletrónico

A utilização do comércio eletrónico é fácil e direta. Os utilizadores podem ter um sítio Web através do qual podem oferecer os seus produtos e serviços e especificar o método de compra e de pagamento. Na pior das hipóteses, os utilizadores precisam de menos de uma semana para dominar as competências necessárias para utilizar o comércio eletrónico.

5.2.3 Disponibilidade do gestor

O papel do gestor é essencial para a adoção do comércio eletrónico. As PME são caracterizadas pela sua pequena dimensão e o gestor (muito provavelmente, o gestor é o proprietário da empresa) tem uma forte influência na tomada de decisões da empresa. Podem ser feitas as seguintes recomendações:

5.2.3.1 Apoio da gestão de topo

O apoio da gestão é vital para a adoção do comércio eletrónico e para o seu êxito. O gestor tem de encorajar o patrocinador do projeto e fornecer o apoio necessário para a adoção. Os trabalhadores resistem normalmente às novas tecnologias. A gestão de topo tem de se certificar de que os empregados compreendem os benefícios que podem ser obtidos com a adoção e de atenuar a sua resistência.

5.2.4 Necessidade do cliente

O cliente exige a utilização do comércio eletrónico pela empresa para facilitar as suas transacções. Podem ser feitas as seguintes sugestões.

5.2.4.1 Satisfação do cliente

A adoção do comércio eletrónico pode aumentar a satisfação do cliente. O cliente que normalmente tem de despender tempo e energia para procurar produtos e serviços terá mais facilidade em lidar com uma empresa em linha que lhe pode fornecer o que precisa sem ter de perder tempo a ir de loja em loja. Mais importante ainda, os clientes podem pagar as suas compras a partir de casa ou utilizando um dispositivo móvel a partir de qualquer lugar. Estas actividades aumentam a satisfação do cliente.

5.2.5 Custo

Apesar do custo que tem de ser pago para estabelecer o comércio eletrónico, os benefícios que podem ser obtidos com a tecnologia podem superar o custo. A recomendação que se segue pode ser apresentada:

5.2.5.1 Custo de instalação

Os custos de instalação exigidos pelo comércio eletrónico são reduzidos. Uma ligação à Internet, um sítio Web, computadores portáteis, software e hardware são todos os requisitos do comércio eletrónico. O custo necessário para instalar o sistema é comparativamente baixo em relação aos benefícios que podem ser obtidos com a tecnologia.

5.2.5.2 Pessoal

A adoção do comércio eletrónico não requer pessoal adicional. As competências e os conhecimentos necessários para operar o comércio eletrónico são simples e podem ser aprendidos facilmente. Um programa de formação de curta duração pode dar ao pessoal as competências necessárias para operar o sistema.

5.2.6 Segurança

A segurança tem sido um dos principais problemas na adoção do comércio eletrónico. No entanto, uma boa legislação e ferramentas podem proteger as transacções e tornar o ambiente seguro.

5.2.6.1 Alteração da lei

A maioria das leis do mundo em desenvolvimento apresenta lacunas em termos de práticas em linha. É necessário alterar a legislação de modo a garantir a segurança das transacções em linha. Se a lei for rigorosa e punir as actividades ilegais, funcionará como dissuasão para os que praticam actividades ilegais no ambiente em linha.

5.2.6.2 Ferramentas

Com o avanço da tecnologia, a maior parte das transacções em linha está protegida por medidas que garantem a segurança da rede. As transacções são realizadas através de bancos e outras instituições financeiras de grande escala. Estas instituições estão a gastar milhões de dólares para proteger a sua rede através da aplicação de ferramentas e procedimentos bem desenvolvidos. Por conseguinte, as transacções das PME estão protegidas.

5.2.7 Preparação da empresa

A preparação da empresa refere-se à capacidade de uma empresa em termos financeiros, de gestão, técnicos e de recursos humanos para adotar e utilizar a tecnologia de forma eficaz. Pode ser feita a seguinte recomendação:

5.2.7.1 Fundo necessário

Apesar de as PME no Iraque terem fracas capacidades e recursos, a sua adoção não exige um grande volume de fundos. Basta um pouco de software e hardware e a empresa pode funcionar num ambiente em linha. A adoção pode trazer benefícios que podem recuperar o custo e criar algumas vantagens competitivas para as empresas no Iraque.

5.2.7.2 Competências necessárias

Como já foi referido anteriormente, as competências necessárias para a adoção do comércio eletrónico podem ser obtidas facilmente. Uma semana de formação pode gerar as competências necessárias e a empresa não tem de recrutar pessoal adicional. Além disso, a tecnologia pode ser implementada com base na computação em nuvem, o que minimiza os fundos e as competências necessários para a adoção do comércio eletrónico.

5.3 Limitações

Esta investigação foi efectuada no Iraque e, em particular, no estado de Al-Anbar. Os inquiridos deste estudo são gestores de PME no Iraque. Devido a limitações de tempo e de custos, o questionário deste estudo foi distribuído por correio eletrónico. Por conseguinte, a taxa de resposta foi reduzida. Se o questionário fosse distribuído, a taxa de resposta seria mais elevada. Não foi efectuado um estudo-piloto para validar o questionário. No entanto, o questionário foi totalmente adotado de outros investigadores. Os inquiridos são iraquianos; por conseguinte, os resultados podem ser tendenciosos em relação à perceção e à cultura iraquianas.

5.4 Investigações futuras

Com base na revisão da literatura e nas conclusões do presente estudo, os seguintes estudos merecem ser objeto de uma investigação mais aprofundada.

- A adoção do comércio eletrónico é um tema novo no contexto iraquiano. Há pouca informação sobre este tema. Por conseguinte, um estudo qualitativo pode colmatar a lacuna existente na literatura e recolher mais informações sobre os factores que afectam a adoção do comércio eletrónico no Iraque. Por conseguinte, um estudo que envolva uma abordagem qualitativa pode, através da utilização de entrevistas, recolher as informações necessárias.

- Este estudo foi abrangente, ou seja, envolveu todos os sectores. Um estudo mais preciso que especifique os inquiridos-alvo pode ser frutuoso. A investigação dos factores que afectam a adoção do comércio eletrónico no sector dos serviços poderá estar mais relacionada com a natureza do comércio eletrónico.

5.5 Conclusão

Este estudo foi realizado no Estado de Al-Anbar, no Iraque. O objetivo deste estudo é descobrir os factores que afectam a adoção do comércio eletrónico pelas PME no estado de Al-Anbar, no Iraque. Foi efectuada uma revisão intensiva da literatura relacionada para abranger as variáveis deste estudo. A amostra do estudo incluiu gestores de PME do estado.

Os resultados da investigação revelam que as PME iraquianas têm uma necessidade crítica de adotar o comércio eletrónico nas suas empresas. A adoção desta tecnologia permite obter muitas vantagens. As vantagens mais importantes são o facto de as empresas poderem criar vantagens competitivas através da adoção do comércio eletrónico. O custo é uma das principais vantagens, uma vez que a adoção do comércio eletrónico reduz a força de trabalho necessária e reduz os custos de deslocação e de comunicação. O comércio eletrónico permite às empresas oferecer os seus produtos e serviços em linha e chegar a novos mercados. Proporciona às empresas um acesso fácil à informação sobre clientes, fornecedores, concorrentes, etc. Uma das vantagens mais importantes é o facto de as empresas poderem satisfazer os seus clientes de forma mais eficaz. Os clientes satisfeitos voltam a comprar e a utilizar o produto ou os serviços, o que pode traduzir-se em mais vendas e, em última análise, em mais lucros.

No entanto, a investigação revela que existem muitos obstáculos que podem impedir a adoção do comércio eletrónico pelas PME no Iraque. Estes obstáculos estão relacionados com a adequação da tecnologia às empresas. O sector dos serviços pode beneficiar muito com a tecnologia, mas a agricultura pode beneficiar menos, a menos que as empresas utilizem a tecnologia para comercializar os seus produtos e procurem equipamentos mais baratos. Outro obstáculo é a falta de pessoal qualificado. Este problema pode ser resolvido através de universidades e outras instituições de ensino que ofereçam cursos relacionados com as tecnologias e as suas utilizações ou através da realização de workshops e seminários para o público, para que este possa ser informado sobre as vantagens e as utilizações do comércio eletrónico. No mesmo sentido, o custo foi considerado um obstáculo à adoção do comércio eletrónico. No entanto, os benefícios da adoção podem compensar os custos.

O Governo do Iraque tem de promover a adoção do comércio eletrónico e fornecer as infra-estruturas necessárias para o efeito. O governo pode tirar grandes benefícios do aumento da taxa de adoção. Está provado que a adoção do comércio eletrónico pode aumentar a produtividade e a rentabilidade das empresas. Estas empresas podem fornecer ao mercado oportunidades de emprego e reduzir a taxa de desemprego. Além disso, os países desenvolvidos dependem das PME, que podem absorver mais de 70% da mão de obra dos países e contribuir grandemente para o PIB. Por conseguinte, ao promover e incentivar as PME a adoptarem a tecnologia, o governo pode criar uma situação vantajosa para todos.

REFERÊNCIA

Al-Abdallah, G. M.(2013). O Efeito da Relação Cliente-Empresa na Adoção da Internet nas Pequenas e Médias Empresas da Jordânia. Jornal de economia e estudos comportamentais, 5(4), 192

Al-Weshah, G., Al-Hyari, K., Abu-Elsamen, A., & Al-Nsour, M. (2012). As redes electrónicas e a conquista de quota de mercado: Opportunities and Challenges.ICT Influences on Human Development, Interaction, and Collaboration, 142.

Al-Weshah, G. A., & Al-Zubi, K. (2012). E-business enablers and barriers: empirical study of SMEs in Jordanian communication sector. Global Journal of Business Research, 6(3), 1-15.

Al-Weshah, G., Deacon, J. & Thomas, A. (2009) "The current status of marketing information systems in Jordanian banking industry: qualitative evidence" Symposium models, methods, and engineering of competitive intelligences. 25-26 de novembro de 2009. Cote d'Azur - França.

Aghaunor, L., & Fotoh, X. (2006). Factores que afectam a adoção do comércio eletrónico nos bancos nigerianos. Jonkoping International Business School, Universidade de Jonkoping.

April, G. D., & Pather, S. (2008). Avaliação das dimensões da qualidade do serviço nas PME de comércio eletrónico. Electronic Journal Information Systems Evaluation Volume,11(3), 109-124.

M.Moshfeghyan, (2017). Perceção de professores e educadores pré-serviço em relação ao uso da tecnologia na educação - desafio e reformas para o Azerbaijão Ocidental Irã. Jornal de Ciências Sociais, Páginas 53-63

Asing-Cashman, J. G., Obit, J. H., Bolongkikit, J., & Tanakinjal, G. H. (2004). An exploratory research of the usage level of e-commerce among small and medium enterprises (SMEs) in the West Coast of Sabah, Malaysia. Labuan, Malásia: Universiti Malaysia Sabah (Acedido em:).

Aydemir, C. A. (2013). Survey Aimed at E-Commerce Applications in Firms Operating in Diyarbakir Organized Industrial Zone. Revista Internacional de Negócios e Ciências Sociais, 4(1).

Beck, R., Wigand, R. T., & Konig, W. (2005). The Diffusion and Efficient Use of Electronic Commerce among Small and Medium- sized Enterprises: An International Three- Industry Survey. *Mercados Electrónicos,* 15(1), 38-52.

Beckinsale, M., & Ram, M. (2006). Fornecimento de TIC a empresas de minorias étnicas: uma abordagem de investigação-ação. *AMBIENTE E PLANEAMENTO C,24*(6), 847.

Bell, J. (1995). The internationalization of small computer software firms: A further challenge to "stage" theories. *European Journal of Marketing,* 29(8), 60-75.

Bellaaj, M, Bernard, P, Pecquet, P & Plaisent, M (2008). 'Organizational, environmental, and technological factors relating to benefits of website adoption', *International Journal of Global Business,* vol. 1, no. 1, pp. 44-64.

Bose, R., & Suumaran, V. (2006). Challenges for deploying Web services-based ebusiness systems in SMEs. *International Journal of E-Business Research (IJEBR), 2*(1), 1-18.

Brown, D. H., & Lockett, N. (2004). Potencial das aplicações electrónicas críticas para envolver as PME no comércio eletrónico: uma perspetiva do fornecedor. *European Journal of Information Systems, 13*(1), 21-34.

Carter, S., & Jones-Evans, D. (Eds.). (2006). *Enterprise and small business: Principles, practice and policy.* Pearson Education.

Chaffey, D. (2007), *eBusiness and eCommerce Management.* Pearson Education.

Câmara de Comércio (2012). Incentivar o desenvolvimento de pequenas e médias empresas no Iraque. Disponível em http://www.iflr1000.com/pdfs/Directories/28/Iraq.qxd.pdf, acedido em 13 de dezembro de 2013.

Chaudhury, A., & Kuiboer, J. (2002). e-Business and e-Commerce Infrastructure Technologies Supporting the e-Business Initiatives.

Chen, J., & McQueen, R. J. (2008). Factores que afectam as fases de crescimento do comércio eletrónico em pequenas empresas chinesas na Nova Zelândia: uma análise dos motivadores e inibidores da adoção. Journal of Global Information Management (JGIM),16(1), 26-60.

Chen, T. J. (2003). The Diffusion and Impacts of the Internet and E-commerce in Taiwan (A difusão e o impacto da Internet e do comércio eletrónico em Taiwan). I-Ways: The Journal of E-Government Policy and Regulation, 26(4), 185-193.

Chen, H., Themistocleous, M., & Chiu, K. H. (2004, agosto). Approaches to Supply Chain Integration Followed By SMEs: An Exploratory Case Study. *InAMCIS* (p. 311).

Ching, H. L., & Ellis, P. (2004). Marketing in cyberspace: what factors drive ecommerce adoption? *Journal of Marketing Management, 20*(3-4), 409-429.

Chong, S., & Pervan, G. (2007). Factores que influenciam o grau de implantação do comércio eletrónico nas pequenas e médias empresas. *Journal of Electronic Commerce in Organizations (JECO),* 5(1), 1-29.

Cloete, E., Courtney, S., & Fintz, J. (2002). Small Businesses' Acceptance and Adoption of e-Commerce in the Western Cape Province of South Africa. *The Electronic Journal of Information Systems in Developing Countries, 10.*

Cohen, W. M., & Levinthal, D. A. (1990). Absorptive capacity: a new perspective on learning and innovation (Capacidade de absorção: uma nova perspetiva sobre aprendizagem e inovação). *Administrative science quarterly,* 35(1).

Daniel, E., Wilson, H., & Myers, A. (2002). Adoção do comércio eletrónico pelas PME no Reino Unido: para um modelo de fases. *International Small Business Journal, 20*(3), 253270.

Daniel, E., & Wilson, H. (2002). Adoption intentions and benefits realized: a study of ecommerce in UK SMEs. *Journal of Small Business and Enterprise Development, 9*(4), 331-348.

Daud, N. M., Mamud, N. I., & Aziz, S. A. (2011). Perceção do cliente em relação à segurança da informação no sistema de Internet Banking na Malásia. *Journal of Applied Sciences Research, 7*(9).

Davis, F. D., Bagozzi, R. P., & Warshaw, P. R. (1989). User acceptance of computer technology: a comparison of two theoretical models. *Management science,* 35(8), 982-1003.

Dosi, G., Nelson, R. R., & Winter, S. G. (2000). Introdução: a natureza e a dinâmica das capacidades organizacionais. The nature and dynamics *of organizational capabilities,* 1-22.

Drew, S. (2003). Strategic uses of e-commerce by SMEs in the east of England. *European Management Journal, 21*(1), 79-88.

Egbetokun, A. A., & Olamade, O. O. (2009). Innovation in Nigerian Small and Medium Enterprises: Types and Impact. *Jornal do Comércio Eletrónico nas Organizações (JECO), 7*(4), 40-51.

Ganotakis, P., & Love, J. H. (2011). R&D, product innovation, and exporting: evidence from UK new technology based firms. *Oxford Economic Papers, 63*(2), 279306.

Gemino, A. N. D. R. E. W., Mackay, N. A. N. C. Y., & Reich, B. H. (2006). Decisões executivas sobre a adoção de websites em pequenas e médias empresas. *Journal of Information Technology Management, 17*(1), 34-49.

Grandon, E. E., & Pearson, J. M. (2004). Electronic commerce adoption: an empirical study of small and medium US businesses. *Information & management, 42*(1), 197-216.

Hashim, N. A. (2009). Comércio eletrónico e PME - A necessidade de cautela. *Prometheus, 27*(2), 125-140.

Hinson, R., & Sorensen, O. (2006). E-business and small Ghanaian exporters: preliminary micro firm explorations in the light of a digital divide. *Online Information Review, 30*(2), 116-138.

Husien, W. A. (2012). *Role of Strategic Human Resources Management on SMEs' Performance in Iraq* (Dissertação de doutoramento, Universiti Utara Malaysia).

Huy, L. V & Filiatrault, P. (2006). A adoção do comércio eletrónico nas PME do Vietname: A Study of Users and Prospectors. Em *PACIS* (p. 74).

Iacovou, C. L., Benbasat, I., & Dexter, A. S. (1995). Electronic data interchange and small organizations: adoption and impact of technology. *MIS quarterly,* 465485.

Autoridade de Desenvolvimento Industrial (2013). Al-Anbar Information. Disponível em http://www.inddevelopment.com/en/node/37 acedido em 13 de dezembro de 2013.

ICFSME (12 de junho de 2012). Empresa iraquiana para o financiamento das PME. Recuperado de www.icfsme.come/node/13 em 24 de junho de 2013.

Iraq Business News (11 de novembro de 2011). As PME e o microfinanciamento no Iraque não estão bem desenvolvidos. Retrievedfromhttp://www.iraq-businessnews.com/2011/11/20/sme-and-microfinance-in-iraq-not-well-developed/ on June 24, 2013.

Iyanda, O., & Ojo, S. O. (2008). Motivação, influências e efeito percebido da adoção das TIC nas organizações do Botswana. *Revista Internacional de Mercados Emergentes, 3*(3), 311-322.

Johnston, R. B., & Gregor, S. (2000). A theory of industry-level activity for understanding the adoption of interorganizational systems. *European Journal of Information Systems, 9*(4), 243-251.

Kapurubandara, M. (2009). Um quadro para a transformação eletrónica das PME nos países em desenvolvimento. *Revista eletrónica de sistemas de informação nos países em desenvolvimento, 39*.

Kapurubandara, M., & Lawson, R. (2008). Disponibilidade de apoio ao comércio eletrónico para as PME nos países em desenvolvimento. *Revista Internacional sobre os Avanços nas TIC para as Regiões Emergentes (ICTer), 1*(1), 3-11.

Kartiwi, M., & MacGregor, R. C. (2007). Barreiras à adoção do comércio eletrónico nas pequenas e médias empresas (PME) dos países desenvolvidos e em desenvolvimento: uma comparação entre países. *Journal of Electronic Commerce in Organizations (JECO), 5*(3), 35-51.

Kaynak, E., Tatoglu, E., & Kula, V. (2005). An analysis of the factors affecting the adoption of electronic commerce by SMEs: Evidence from an emerging market. International Marketing Review, 22(6), 623-640

Kendall, J. D., Tung, L. L., Chua, K. H., Ng, C. H. D., & Tan, S. M. (2001). Recetividade das PME de Singapura à adoção do comércio eletrónico. The Journal of Strategic Information Systems, 10(3), 223-242.

Killikanya, C. (2000). Comércio eletrónico: Internet slow to make inroads. *Mid-year Economic Review, 32-5.*

Lawson, R., Alcock, C., Cooper, J., & Burgess, L. (2003). Factores que afectam a adoção de tecnologias de comércio eletrónico pelas PME: um estudo australiano. *Journal of small business and enterprise development, 10*(3), 265-276.

Lee, M. K., & Cheung, C. M. (2001). Adoção da venda a retalho pela Internet por pequenas e médias empresas (PME): Um estudo de casos múltiplos. *Information Systems Frontiers, 6*(4), 385-397.

Le Van Huy, & Filiatrault, P. (2006). A adoção do comércio eletrónico nas PME do Vietname: A Study of Users and Prospectors. Em *PACIS* (p. 74).

Levy, M., Powell, P., & Worrall, L. (2005). Strategic intent and e-business in SMEs: enablers and inhibitors. *Information Resources Management Journal (IRMJ), 18*(4), 1-20

Limthongchai, P., & Speece, M. W. (2003, janeiro). The effect of perceived characteristics of innovation on e-commerce adoption by SMEs in Thailand. *InProceedings of the Seventh International Conference on Global Business and Economic Development* (pp. 8-11).

Luqman, A. (2011). Adoção de negócios electrónicos entre as PME: uma abordagem de modelação de equações estruturais. *Journal of Internet Banking and Commerce,16*(2).

Malek Al-Majadi & Nik Kamariah Nik Mat (2011). Modelação dos factores determinantes da adoção de serviços de internetbanking (IBSA) na Jordânia: Uma abordagem de Modelação de Equações Estruturais (SEM). *Journal of Internet Banking and Commerce, 16*(1), 1-15.

MacGregor, R. C., & Vrazalic, L. (2005). A basic model of electronic commerce adoption barriers: a study of regional small businesses in Sweden and Australia. Journal of Small Business and Enterprise Development, 12(4), 510527.

Mehrtens, J., Cragg, P. B., & Mills, A. M. (2001). Um modelo de adoção da Internet pelas PME. Information & management, 39(3), 165-176.

Mirchandani, D. A., & Motwani, J. (2001). Understanding small business electronic commerce adoption: an empirical analysis. Journal of Computer Information Systems, 41(3), 70-73.

Molla, A., & Licker, P. S. (2005). eCommerce adoption in developing countries: a model and instrument. Information & Management, 42(6), 877-899.

Napier, H. A., Judd, P. J., Rivers, O. N., & Wagner, S. W. (2001). Creating a Winning E-Business, Course Technology, Thomson Learning. Inc., Boston, MA.

Newcomer, K. E., & Caudle, S. L. (1991). Avaliação dos sistemas de informação do sector público: More than meets the eye. *Public Administration Review,* 377-384.

Olatokun, W., & Kebonye, M. (2010). Adoção da tecnologia de comércio eletrónico pelas PME do Botswana. *Revista Internacional de Tecnologias Emergentes e Sociedade, 8*(1), 42-56.

Petrovic, D., & Kovacevic, I. (2012). Distrust as Obstacle to e-Commerce Development in Serbia [Desconfiança como obstáculo ao desenvolvimento do comércio eletrónico na Sérvia]. *Management (1820-0222),* (65).

Pham, L., Pham, L. N., & Nguyen, D. T. T. (2011). Determinantes da adoção do comércio eletrónico nas pequenas e médias empresas vietnamitas. *International Journal of Entrepreneurship, 15,* 45-72.

Poon, S., & Swatman, P. (1999). An exploratory study of small business Internet commerce issues. *Information & Management, 35*(1), 9-18.

Pool, P. W., Parnell, J. A., Spillan, J. E., & Carraher, S. (2006). As PME estão a enfrentar o desafio de integrar o comércio eletrónico nas suas empresas? A review of the development, challenges and opportunities. International Journal of Information Technology and Management, 5(2), 97-113.

Premkumar, G., & Roberts, M. (1999). Adoção de novas tecnologias da informação em pequenas empresas rurais. Omega, 27(4), 467-484.

Ramsey, E., Ibbotson, P., & Mccole, P. (2008). Factores que influenciam a adoção de inovação tecnológica entre as PME irlandesas do sector dos serviços profissionais. *Revista internacional de gestão da inovação,* 12(04), 629-654.

Reuters (1 de abril de 2011). Small business struggles in Iraq. recuperado em 17 de setembro de 2013 dehttp:// www. reuters. com/article/2011/04/01/us-iht-iraq-economy-business- idUSTRE73076W20110401.

Riquelme, H. (2002). Commercial internet adoption in China: comparing the experience of small, medium and large businesses. *Internet Research, 12*(3), 276-286.

Rizzoni, A. (1991). Inovação tecnológica e pequenas empresas: uma taxonomia. *International Small Business Journal, 9*(3), 31-42.

Rogers, E. M. (2003). *Diffusion of innovation 5th Edition*. Nova Iorque: The Free Press.

Royston, J. P. (1982). An extension of Shapiro and Wilk's W test for normality to large samples. *Applied Statistics,* 115-124.

Saffu, K., Walker, J. H., & Mazurek, M. (2012). Perceived Strategic Value and eCommerce Adoption among SMEs in Slovakia. *Journal of Internet Commerce, 11*(1), 1-23

Sanchez, A. M., Perez, M. P., de Luis Carnicer, P., & Jimenez, M. J. V. (2007). Teleworking and workplace flexibility: a study of impact on firm performance. *Personnel Review, 36*(1), 42-64.

Sarosa, S., & Underwood, J. (2005, julho). Factores que afectam a adoção de TI nas PME indonésias: Perspectivas dos gestores. Em *PACIS* (p. 6).

Scupola, A. (2009). Adoção do comércio eletrórico pelas PME: perspectivas da Dinamarca e da Austrália. Journal of Enterprise Information Management, 22(1/2), 152-166.

Sekaran, U. (2003). Research methods for business: A skill building approach (4ª ed.). Singapura: John Wiley & Sons.

Seyal, A. H., Awais, M. M., Shamail, S., & Abbas, A. (2004). Determinants of electronic commerce in Pakistan: preliminary evidence from small and medium enterprises. Electronic Markets, 14(4), 372-387.

Seyal, A. H., Rahman, M. N. A., & Mohammad, H. A. Y. H. A. (2007). A quantitative analysis of factors contributing electronic data interchange adoption among Bruneian SMEs: A pilot study. Business Process Management Journal,13(5), 728-746.

Seyal, A. H., & Rahman, M. N. A. (2003). A preliminary investigation of e-commerce adoption in small & medium enterprises in Brunei (Uma investigação preliminar da adoção do comércio eletrónico nas pequenas e médias empresas do Brunei). Journal of Global Information Technology Management, 6(2), 6-26.

Shah Alam, S., Ali, M. Y., & Mohd. Jani, M. F. (2011). Um estudo empírico dos factores que afectam a adoção do comércio eletrónico entre as PME na Malásia.Journal of Business Economics and Management, 12(2), 375-399.

Shapiro, S. S., & Wilk, M. B. (1965). An analysis of variance test for normality (complete samples). *Biometrika, 52*(3/4), 591-611.

Sponeck, G. H. C. (2006). A *different kind of war: the UN sanctions regime in Iraq [Um tipo diferente de guerra: o regime de sanções da ONU no Iraque]*. Berghahn Books.

Stokes, D. (2000). Putting entrepreneurship into marketing: the processes of entrepreneurial marketing. *Journal of Research in Marketing and Entrepreneurship, 2*(1), 1-16.

Stockdale, R., & Standing, C. (2004). Benefits and barriers of electronic marketplace participation: an SME perspective. *Journal of Enterprise Information Management, 17*(4), 301-311.

Sutanonpaiboon, J., & Pearson, A. M. (2006). E-commerce adoption: perceptions of managers/owners of small-and medium-sized enterprises (SMEs) in Thailand (Adoção do comércio eletrónico: percepções dos gestores/proprietários de pequenas e médias empresas (PME) na Tailândia). Journal of Internet Commerce, 5(3), 53-82.

Thatcher, S. M., & Foster, W. (2003, janeiro). Decisões de adoção do comércio eletrónico B2B em Taiwan: A interação de factores organizacionais, industriais, governamentais e culturais. Em *System Sciences, 2003. Actas da 36ª Conferência Internacional Anual do Havai* (pp. 10-pp). IEEE.

Thong, J. Y. (1999). Um modelo integrado de adoção de sistemas de informação em pequenas empresas. *Journal of management information systems, 15*(4), 187-214.

Turban, E., Leidner, D., McLean, E., & Wetherbe, J. (2008). *Information Technology for Management,* Wiley. com.

Wang, J. C., & Tsai, K. H. (2002). Factors in Taiwanese firms' decisions to adopt electronic commerce: an empirical study. *the world economy, 25*(8), 11451167.

Wanyoike, D. M., Mukulu, E., & Waititu, A. G. (2012). Atributos das TIC como determinantes da adoção do comércio eletrónico pelas pequenas empresas formais no Quénia urbano. *Revista Internacional de Negócios e Ciências Sociais.* 3(23), 65-74.

Wymer, S. A., & Regan, E. A. (2005). Factores que influenciam a adoção e utilização do comércio eletrónico pelas pequenas e médias empresas. *Electronic Markets,15*(4), 438-453.

Wongpinunwatana, N., & Lertwongsatien, C. (2003). E-commerce adoption in

Thailand: an empirical study of small and medium enterprises (SMEs).

WSJ (2013). Saudita, EUA e Iraque intervêm para colmatar o défice de petróleo na Líbia. *Wall Street Journal.* Retrieved October 1, 2013 from: http://online.wsj.com/article/SB100014 24127887323864604579067001901766512.html.

Vatanasakdakul, S., Tibben, W., & Cooper, J. (2004). O que impede a adoção do comércio eletrónico B2B nos países em desenvolvimento: uma perspetiva sociocultural

Zhou, L., Wu, W. P., & Luo, X. (2007). Internationalization and the performance of born-global SMEs: the mediating role of social networks [Internacionalização e desempenho das PME nascidas no mundo: o papel mediador das redes sociais]. Journal of International Business Studies, 38(4), 673-690.

APÊNDICES

APÊNDICE A: QUESTIONÁRIO

Caros inquiridos

Este questionário destina-se a investigar os factores que afectam a adoção do comércio eletrónico pelas PME no Iraque. Os benefícios e os obstáculos do comércio eletrónico também são investigados. Uma vez que é o gestor de uma PME no Iraque, é-lhe pedido que responda às perguntas com franqueza e honestidade.

Asseguramos-lhe que as informações que fornecer serão mantidas estritamente confidenciais. Nenhuma outra parte poderá ver as informações que fornecer.

Agradeço-vos muito e aprecio a vossa ajuda na realização deste trabalho de investigação.

Secção 1: Informações gerais

Idade

□ Menos de 20

- ☐ 21 -30
- ☐ 31 - 40
- ☐ 41-50
- ☐ 50 ou mais

Género

- ☐ Masculino
- ☐ Feminino

Educação

- ☐ Sem educação formal
- ☐ Ensino secundário
- ☐ Bacharel
- ☐ Mestre
- ☐ Doutoramento

Quantos trabalhadores emprega

- ☐ Menos de 20
- ☐ 21-50
- ☐ 51-100
- ☐ 100- ou mais

Identifique o seu tipo de empresa

- ☐ Fabrico
- ☐ Serviço
- ☐ Comércio
- ☐ Serviço educativo
- ☐ Agricultura
- ☐ outros (especificar)

Qual é a idade da sua empresa?

- ☐ 1-3 anos
- ☐ 4-6 anos
- ☐ 7-9 anos
- ☐ mais de 9 anos

Compra em linha?

- ☐ Sim
- ☐ Não

Vende o seu produto em linha?

- ☐ Sim
- ☐ Não

Tem um sítio Web?

- □ Sim
- □ Não

Têm uma página social para as vossas empresas (como a página do Facebook)

- □ Sim
- □ Não

Assinale a opção correcta

1- Discordo totalmente 2- Discordo 3- Neutro 4- Concordo 5-Concordo totalmente

Section 2: e-commerce adoption					
Items	1	2	3	4	5
I intend to use e-commerce within near future					
I plan to use e-commerce					
I expect to use e-commerce in the near future					
I am determined to use e-commerce soon					
Adoption of the internet brings many benefits					
The adoption of the e-commerce is secure					
The manager of the company affects greatly the adoption of e-commerce.					
The resource of the company play main role in the adoption					
The cost of adoption affect the adoption of e-commerce					
The expected benefit induce the manager to adopt e-commerce					
Customer pressures induce the company to adopt e-commerce					
Section 3: Expected Advantage					
Adoption of e-commerce expands market share of the company and increase the customer base					
Adoption of e-commerce increases company's sales and revenues					
Adoption of e-commerce reduces operating procedure					
Adoption of e-commerce improves company's image					
Adoption of e-commerce increases the competitive advantage for our company					
Adoption of e-commerce provides easy access to competitors and product information					
Section 4: Ease of Use					
My intention with the e-commerce is clear and understandable					
Interaction with e-commerce does not requires a lot of mental effort					
It is easy to use e-commerce					
Learning to use e-commerce is easy for me					
I find it easy to do what I want to do with e-commerce					
I find e-commerce flexible to interact with					
Section 5: Willingness of Manager	1	2	3	4	5
Adoption of e-commerce is support by the interest of the manager					

Manager's feelings on importance of e-commerce adoption is important					
Encouraging role of top management support e-commerce adoption					
Education level of manager is important for e-commerce adoption					
Manager's time spend on internet is important for e-commerce adoption					
Section 6: Customer Needs					
We know our customers are ready to do business over the Internet					
Our firm is under pressure from customers to adopt /e-commerce technologies					
Our customers are demanding the use of e-commerce in doing business with them					
Section 7: Cost	1	2	3	4	5
E-commerce requires high set up cost					
E-commerce requires additional staff					
Difficult to justify cost and benefits					
E-commerce is costly					
Section 8: Security	1	2	3	4	5
Current laws and regulations are sufficient to protect e-commerce user's Interest					
My company does not have confidence in the payment system of e-commerce					
My company is concerned that information involved in a transaction over the Internet is not private					
My company lacks confidence about the security of e-commerce transactions					
Section 9: Company readiness	1	2	3	4	5
My company has the required fund to adopt e-commerce					
My company has the required staff to adopt e-commerce					
My company has the required skill and competence to adopt e-commerce					
My staff is open to adoption of new technology					
My company is ready to adopt e-commerce					

Secção 10: Vantagens do comércio eletrónico

	1	2	3	4	5
gain access to new markets					
enhance competitive power of company					
get cost advantage					
enhance efficiency within company					
ensure customer satisfaction					
increase companies' sales					
promote company and its products					
simplify processes within company					
ensure easy accessibility to companies in provision chain					
shorten order and provision process					
create new employment opportunities					
perform banking transactions					
gain advantage in product developing					

Secção 11: Barreiras à adoção do comércio eletrónico

	1	2	3	4	5
not being an established commercial type within the sector					
non-preference of e-commerce by our consumers					
lack of technical infrastructure					
security issue					
rising cost					
lack of qualified (technical) personnel					

Apêndice B: Apresentação gráfica das informações demográficas

Age

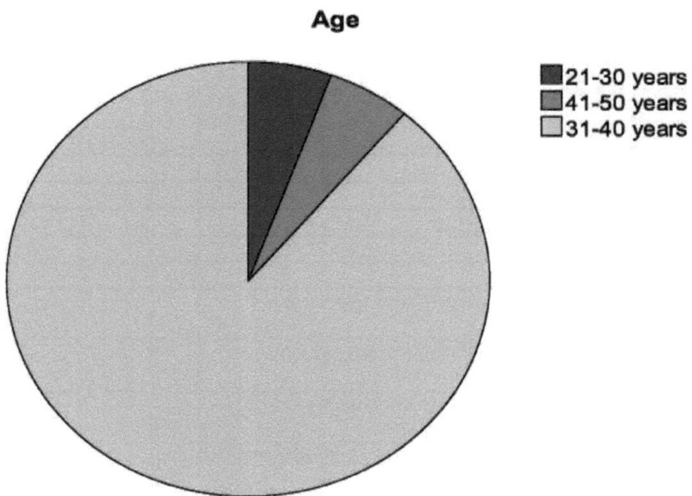

Figura A.1: Idade dos inquiridos

Gender

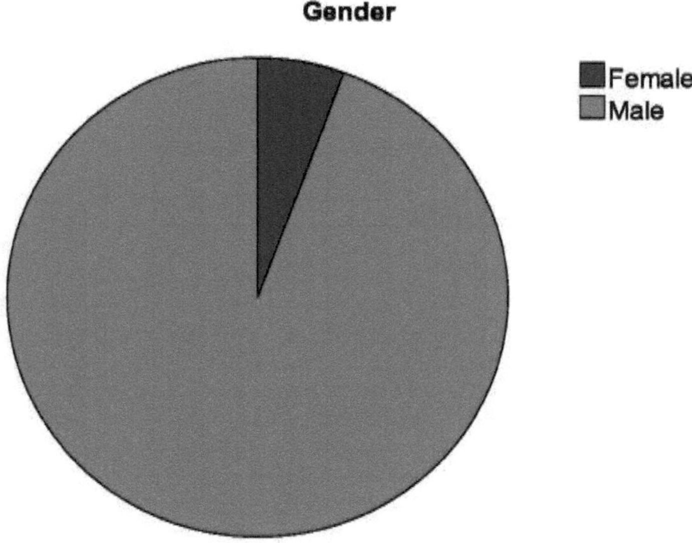

Figura A.2: Género dos inquiridos

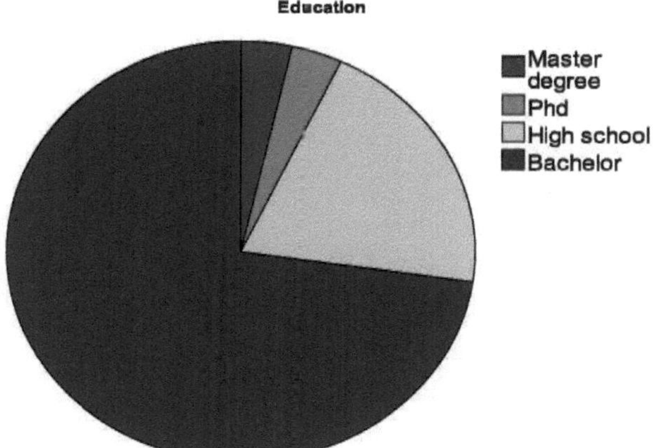

Figura A.3: Educação dos inquiridos

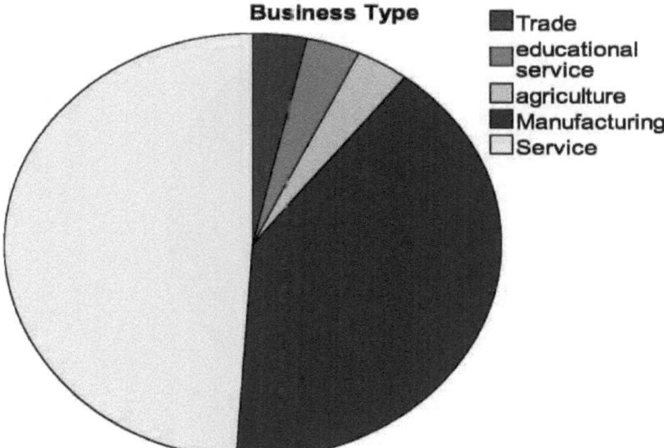

Figura A.4: Tipo de empresa

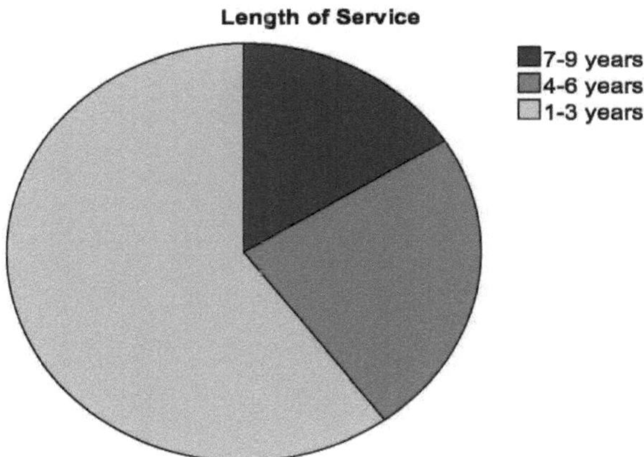

Figura A.5: Tempo de serviço

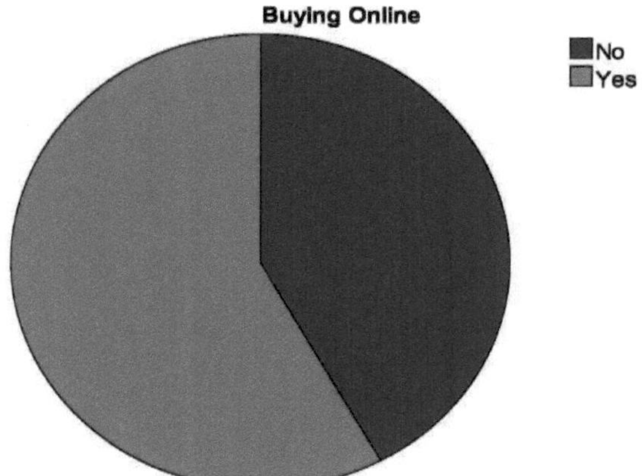

Figura A.6: Comprar em linha

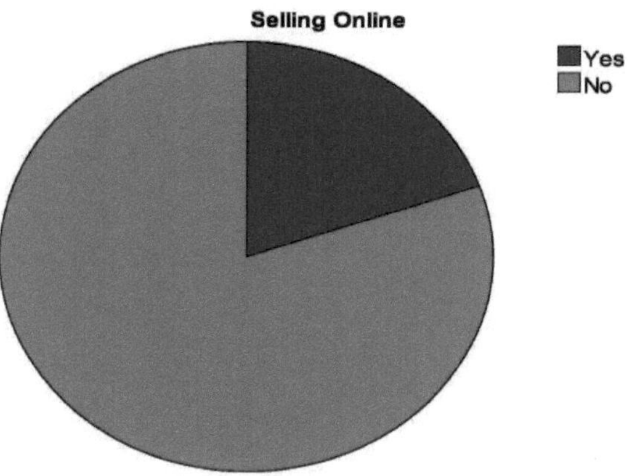

Figura A.7: Venda em linha

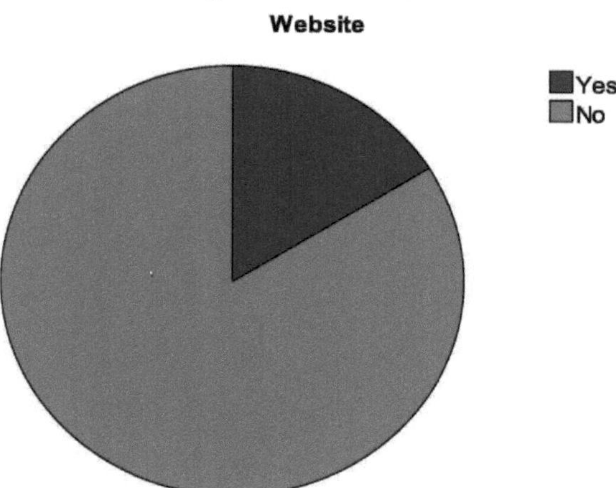

Figura A.8 Posse do sítio web

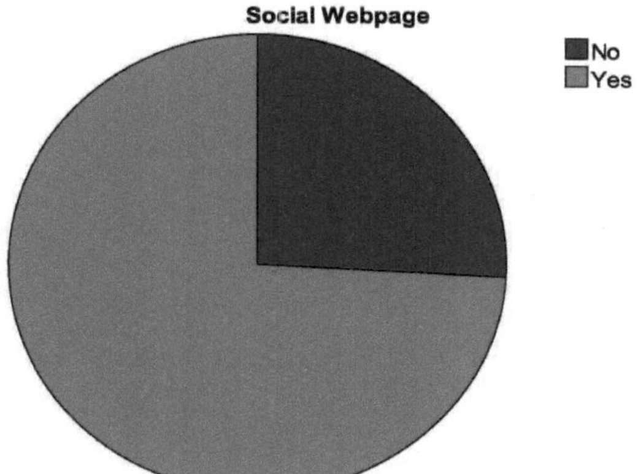

Figura A.9: Posse de página Web social

Apêndice C: Teste de normalidade

Tests of Normality						
	Kolmogorov-Smirnov[a]			Shapiro-Wilk		
	Statistic	df	Sig.	Statistic	df	Sig.
E-commerce Adoption	.272	143	.000	.723	143	.070
Expected Advantage	.278	143	.000	.635	143	.080
Ease of Use	.199	143	.000	.832	143	.063
Willingness of Manager	.278	143	.000	.780	143	.053
Customer Need	.249	143	.000	.798	143	.090
Cost	.239	143	.000	.790	143	.065
Security	.317	143	.000	.656	143	.072
Company Readiness	.259	143	.000	.695	143	.066
a. Lilliefors Significance Correction						

Apêndice D: Fiabilidade

Escala: Adoção do comércio eletrónico

Resumo do processamento do caso

		N	%
Cases	Valid	143	100.0
	Excluded[a]	0	.0
	Total	143	100.0

a. Eliminação por listas com base em todas as variáveis do procedimento.

Estatísticas de fiabilidade

Cronbach's Alpha	N of Items
.916	11

Estatísticas do item

	Mean	Std. Deviation	N
ECA1	3.83	.671	143
ECA2	3.80	.724	143
ECA3	3.88	.587	143
ECA4	3.78	.826	143
ECA5	3.72	.791	143
ECA6	3.67	.910	143
ECA7	3.57	1.031	143
ECA8	3.62	.999	143
ECA9	3.66	.972	143
ECA10	3.71	.926	143
ECA11	3.67	.902	143

Estatísticas do item-total

	Scale Mean if Item Deleted	Scale Variance if Item Deleted	Corrected Item-Total Correlation	Cronbach's Alpha if Item Deleted
ECA1	37.08	43.790	.502	.916
ECA2	37.10	43.193	.524	.915
ECA3	37.03	43.126	.678	.910
ECA4	37.13	41.186	.645	.910
ECA5	37.19	39.858	.823	.902
ECA6	37.24	39.619	.721	.906
ECA7	37.34	40.464	.547	.917
ECA8	37.29	38.744	.720	.907
ECA9	37.25	38.767	.743	.905
ECA10	37.20	38.360	.827	.900
ECA11	37.24	39.352	.754	.904

Estatísticas de escala

Mean	Variance	Std. Deviation	N of Items
40.91	48.703	6.979	11

Escala: Vantagem esperada

Resumo do processamento do caso

		N	%
Cases	Valid	143	100.0
	Excluded[a]	0	.0
	Total	143	100.0

a. Eliminação por listas com base em todas as variáveis do procedimento.

Estatísticas de fiabilidade

Cronbach's Alpha	N of Items
.872	6

Estatísticas do item

	Mean	Std. Deviation	N
EADV1	3.58	.945	143
EADV2	3.50	1.013	143
EADV3	3.61	.831	143
EADV4	3.71	.730	143
EADV5	3.57	.931	143
EADV6	3.57	.908	143

Estatísticas do item-total

	Scale Mean if Item Deleted	Scale Variance if Item Deleted	Corrected Item-Total Correlation	Cronbach's Alpha if Item Deleted
EADV1	17.94	12.701	.610	.862
EADV2	18.03	12.154	.640	.858
EADV3	17.92	12.613	.745	.839
EADV4	17.82	12.727	.853	.827
EADV5	17.96	12.646	.632	.858
EADV6	17.96	12.801	.627	.858

Estatísticas de escala

Mean	Variance	Std. Deviation	N of Items
21.52	17.702	4.207	6

Escala: Facilidade de utilização

Resumo do processamento do caso

		N	%
Cases	Valid	143	100.0
	Excluded[a]	0	.0
	Total	143	100.0

a. Eliminação por listas com base em todas as variáveis do procedimento.

Estatísticas de fiabilidade

Cronbach's Alpha	N of Items
.748	6

Estatísticas do item

	Mean	Std. Deviation	N
EOE1	3.50	.978	143
EOU2	3.34	1.034	143
EOU3	3.43	1.004	143
EOU4	3.42	1.010	143
EOU5	3.62	.910	143
EOU6	3.59	.959	143

Estatísticas do item-total

	Scale Mean if Item Deleted	Scale Variance if Item Deleted	Corrected Item-Total Correlation	Cronbach's Alpha if Item Deleted
EOE1	17.41	11.060	.522	.702
EOU2	17.57	11.782	.360	.748
EOU3	17.48	10.800	.545	.695
EOU4	17.49	10.716	.555	.692
EOU5	17.29	11.558	.488	.712
EOU6	17.31	11.513	.457	.720

Estatísticas de escala

Mean	Variance	Std. Deviation	N of Items
20.91	15.407	3.925	6

Escala: Disponibilidade do gestor

Resumo do processamento do caso

		N	%
Cases	Valid	143	100.0
	Excluded[a]	0	.0
	Total	143	100.0

a. Eliminação por listas com base em todas as variáveis do procedimento.

Estatísticas de fiabilidade

Cronbach's Alpha	N of Items
.773	5

Estatísticas do item

	Mean	Std. Deviation	N
WM1	3.52	1.087	143
WM2	3.69	1.159	143
WM3	3.43	1.172	143
WM4	3.78	.779	143
WM5	3.50	1.113	143

Estatísticas do item-total

	Scale Mean if Item Deleted	Scale Variance if Item Deleted	Corrected Item-Total Correlation	Cronbach's Alpha if Item Deleted
WM1	14.40	9.706	.615	.706
WM2	14.23	9.700	.555	.728
WM3	14.48	10.406	.432	.773
WM4	14.13	10.877	.693	.704
WM5	14.42	10.203	.508	.744

Estatísticas de escala

Mean	Variance	Std. Deviation	N of Items
17.92	15.049	3.879	5

Escala: Necessidade do cliente

Resumo do processamento do caso

		N	%
Cases	Valid	143	100.0
	Excluded^a	0	.0
	Total	143	100.0

a. Eliminação por listas com base em todas as variáveis do procedimento.

Estatísticas de fiabilidade

Cronbach's Alpha	N of Items
.610	3

Estatísticas do item

	Mean	Std. Deviation	N
CN1	3.45	.998	143
CN2	3.48	1.013	143
CN3	3.42	1.031	143

Estatísticas do item-total

	Scale Mean if Item Deleted	Scale Variance if Item Deleted	Corrected Item-Total Correlation	Cronbach's Alpha if Item Deleted
CN1	6.90	2.686	.464	.445
CN2	6.87	2.651	.461	.448
CN3	6.92	2.945	.337	.627

Estatísticas de escala

Mean	Variance	Std. Deviation	N of Items
10.34	5.199	2.280	3

Escala: Custo

Resumo do processamento do caso

		N	%
Cases	Valid	143	100.0
	Excluded[a]	0	.0
	Total	143	100.0

a. Eliminação por listas com base em todas as variáveis do procedimento.

Estatísticas de fiabilidade

Cronbach's Alpha	N of Items
.652	4

Estatísticas do item

	Mean	Std. Deviation	N
COST1	3.45	.954	143
COST2	3.68	.667	143
COST3	3.45	1.026	143
COST4	3.50	1.013	143

Estatísticas do item-total

	Scale Mean if Item Deleted	Scale Variance If Item Deleted	Corrected Item-Total Correlation	Cronbach's Alpha If Item Deleted
COST1	10.63	4.263	.392	.612
COST2	10.40	4.636	.570	.533
COST3	10.62	3.983	.411	.603
COST4	10.58	3.992	.420	.595

Estatísticas de escala

Mean	Variance	Std. Deviation	N of Items
14.08	6.719	2.592	4

Escala: Segurança

Resumo do processamento do caso

		N	%
Cases	Valid	143	100.0
	Excluded[a]	0	.0
	Total	143	100.0

a. Eliminação por listas com base em todas as variáveis do procedimento.

Estatísticas de fiabilidade

Cronbach's Alpha	N of Items
.849	4

Estatísticas do item

	Mean	Std. Deviation	N
SEC1	3.51	1.034	143
SEC2	3.71	.766	143
SEC3	3.71	.768	143
SEC4	3.60	.881	143

Estatísticas do item-total

	Scale Mean if Item Deleted	Scale Variance if Item Deleted	Corrected Item-Total Correlation	Cronbach's Alpha if Item Deleted
SEC1	11.02	4.964	.497	.910
SEC2	10.82	4.939	.822	.761
SEC3	10.83	4.892	.837	.754
SEC4	10.93	4.868	.688	.809

Estatísticas de escala

Mean	Variance	Std. Deviation	N of Items
14.53	8.321	2.885	4

Escala: Prontidão da empresa

Resumo do processamento do caso

		N	%
Cases	Valid	143	100.0
	Excluded^a	0	.0
	Total	143	100.0

a. Eliminação por listas com base em todas as variáveis do procedimento.

Estatísticas de fiabilidade

Cronbach's Alpha	N of Items
.908	5

Estatísticas do item

	Mean	Std. Deviation	N
CR1	3.63	.784	143
CR2	3.61	.741	143
CR3	3.62	.701	143
CR4	3.59	.705	143
CR5	3.59	.684	143

Estatísticas do item-total

	Scale Mean if Item Deleted	Scale Variance if Item Deleted	Corrected Item-Total Correlation	Cronbach's Alpha if Item Deleted
CR1	14.50	6.209	.709	.902
CR2	14.52	5.969	.849	.870
CR3	14.52	6.322	.789	.884
CR4	14.55	6.320	.783	.885
CR5	14.44	6.586	.724	.897

Estatísticas de escala

Mean	Variance	Std. Deviation	N of Items
18.13	9.595	3.098	5

Escala: Benefício

Resumo do processamento do caso

		N	%
Cases	Valid	143	100.0
	Excluded[a]	0	.0
	Total	143	100.0

a. Eliminação por listas com base em todas as variáveis do procedimento.

Estatísticas de fiabilidade

Cronbach's Alpha	N of Items
.955	13

Estatísticas do item

	Mean	Std. Deviation	N
BEN1	3.63	.802	143
BEN2	3.64	.765	143
BEN3	3.66	.691	143
BEN4	3.68	.728	143
BEN5	3.65	.734	143
BEN6	3.57	.764	143
BEN7	3.63	.757	143
BEN8	3.55	.784	143
BEN9	3.69	.706	143
BEN10	3.59	.789	143
BEN11	3.64	.773	143
BEN12	3.66	.787	143
BEN13	3.64	.791	143

Estatísticas do item-total

	Scale Mean if Item Deleted	Scale Variance if Item Deleted	Corrected Item-Total Correlation	Cronbach's Alpha if Item Deleted
BEN1	43.62	54.041	.739	.952
BEN2	43.61	53.508	.831	.950
BEN3	43.58	55.245	.747	.952
BEN4	43.57	54.543	.774	.951
BEN5	43.59	54.665	.755	.952
BEN6	43.67	54.152	.770	.951
BEN7	43.62	54.140	.780	.951
BEN8	43.69	53.947	.767	.951
BEN9	43.56	55.164	.737	.952
BEN10	43.65	54.821	.680	.954
BEN11	43.60	53.763	.797	.951
BEN12	43.58	53.386	.817	.950
BEN13	43.60	53.509	.801	.951

Estatísticas de escala

Mean	Variance	Std. Deviation	N of Items
47.24	63.397	7.962	13

Escala: Barreiras

Resumo do processamento do caso

		N	%
Cases	Valid	143	100.0
	Excluded[a]	0	.0
	Total	143	100.0

a. Eliminação por listas com base em todas as variáveis do procedimento.

Estatísticas de fiabilidade

Cronbach's Alpha	N of Items
.930	6

Estatísticas do item

	Mean	Std. Deviation	N
BAR1	3.67	.776	143
BAR2	3.53	.829	143
BAR3	3.52	.855	143
BAR4	3.55	.861	143
BAR5	3.58	.875	143
BAR6	3.66	.847	143

Estatísticas do item-total

	Scale Mean if Item Deleted	Scale Variance if Item Deleted	Corrected Item-Total Correlation	Cronbach's Alpha if Item Deleted
BAR1	17.85	13.723	.795	.918
BAR2	17.99	13.563	.761	.922
BAR3	18.00	13.197	.801	.917
BAR4	17.97	13.147	.802	.917
BAR5	17.94	13.186	.778	.920
BAR6	17.85	13.028	.843	.911

Estatísticas de escala

Mean	Variance	Std. Deviation	N of Items
21.52	18.899	4.347	6

Apêndice E: Resumo do modelo

Model Summary

Model	R	R Square	Adjusted R Square	Std. Error of the Estimate
1	.823[a]	.677	.660	4.06653
a. Predictors: (Constant), Company Readiness, Ease of Use , Cost, Customer Need, Expected Advantage , Willingness of Manager, Security				

Printed by Books on Demand GmbH, Norderstedt / Germany